Les cahiers **d'exercices** ASSIMIL®

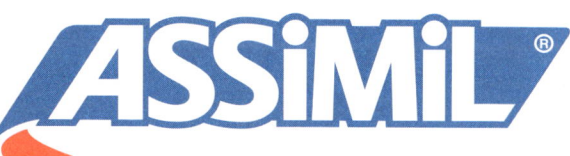

Allemand

Bettina Schödel

Collège 5e

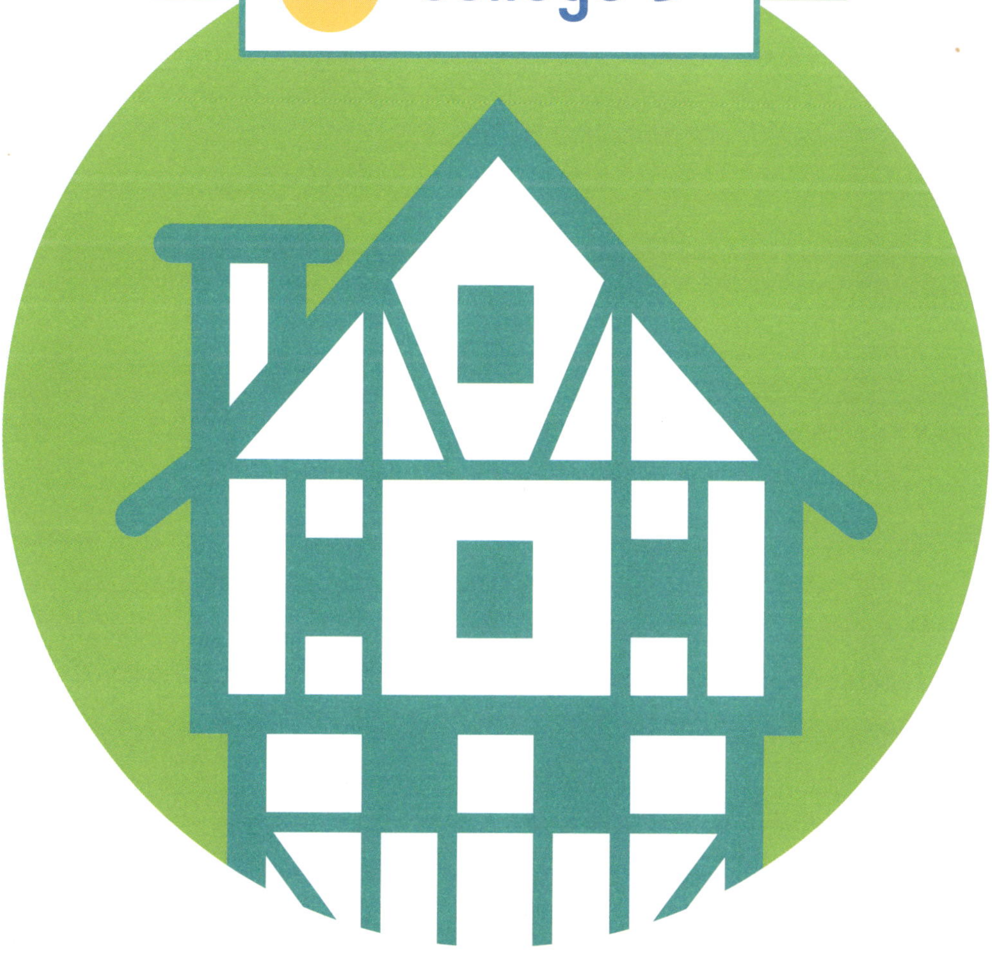

À propos de ce cahier

Tu viens de terminer la 5ᵉ et ta première année d'allemand ou peut-être ta deuxième année. Tu veux revoir de zéro plusieurs points de grammaire et consolider ton vocabulaire : ce cahier est là pour t'y aider. Il reprend le programme de 5ᵉ en partant du niveau débutant. Pour les LV1, ce cahier permet avant tout de réviser les connaissances acquises jusqu'ici. Pour les LV2, il permet aussi d'aller un peu plus loin.

Il se compose de 9 modules : un module zéro pour la prononciation et 8 modules consacrés à des thèmes généraux (1. Premier contact, 2. L'école, 3. La famille...) divisés en différents petits objectifs communicationnels (Saluer, Demander et dire comment on s'appelle, Demander et indiquer l'âge...). Tu y trouveras de la grammaire, du vocabulaire, des expressions courantes à connaître avec des exercices variés et ludiques ainsi que des indications culturelles concernant les trois principaux pays germanophones : l'Allemagne, l'Autriche et la Suisse.

Enfin, ce cahier te permettra d'effectuer ton évaluation grâce aux icônes dessinées pour chaque exercice et que tu reporteras dans le bilan final de chaque module. 🙂 pour une majorité de bonnes réponses, 😐 pour environ la moitié et 🙁 pour moins de la moitié.

À toi de jouer maintenant. **Viel Spaß!** Amuse-toi bien !

Sommaire

Module 0 : Règles de base et prononciation 3

Module 1 : Hallo! Ich bin... *Salut ! Je suis...* 11

Module 2 : Das ist meine Schule! *Voici mon école !* 27

Module 3 : Kennst du meine Familie? *Connais-tu ma famille ?* 43

Module 4 : So bin ich! *Je suis comme ça !* 59

Module 5 : Schmeckt's dir? *C'est bon ?* 73

Module 6 : Bist du fit? *Tu es en forme ?* 87

Module 7 : Hier wohne ich! *C'est ici que j'habite !* 101

Module 8 : Ferien sind cool! *C'est cool les vacances !* 113

Solutions 124

Tableau d'autoévaluation 128

Règles de base et prononciation

Module 0

Objectifs

- Introduction
- L'alphabet
- Les majuscules et les minuscules
- La voyelle **e**
- Le **Umlaut** (dit le tréma ou l'inflexion) : **ä**, **ö** et **ü**
- Les diphtongues et le groupe **ie**
- Le **Ach-Laut**, le **Ich-laut** et les groupes **sch**, **sp**, **st**
- Les consonnes **v** et **w**
- Les consonnes **g**, **j**, **H**, **r** et **ß**

Introduction

La prononciation allemande ne présente pas vraiment de difficultés majeures pour un Français, à l'exception du **h** aspiré comme en anglais ou du **ch** qui ne se prononce jamais comme en français. Avant de passer aux différentes leçons avec les exercices, note bien les points suivants.

- Il n'y a pas de liaison entre les mots.

- Toutes les lettres se prononcent.

- Il n'existe pas de nasales comme en français. Exemples : dans les mots **in**, *dans*, **Montag**, *lundi*, **Samstag**, *samedi*, on prononce la voyelle + le **m** ou le **n**. Dans le groupe voyelle + **nk** comme **danke**, *merci*, on entend le **a** puis le **nk** comme dans *pink* en anglais.

- Une voyelle peut être brève ou longue. Généralement, elle est brève lorsqu'elle est suivie de plusieurs consonnes et longue lorsqu'elle est suivie d'une consonne ou d'un h.

L'alphabet

Aa	Bb	Cc	Dd	Ee	Ff
[a]	[b]	[tsé]	[d]	[é]	[f]
Gg	Hh	Ii	Jj	Kk	Ll
[gué]	[ha]	[i]	[yotte]	[k]	[l]
Mm	Nn	Oo	Pp	Qq	Rr
[m]	[n]	[o]	[p]	[cou]	[r]
Ss	Tt	Uu	Vv	Ww	Xx
[s]	[t]	[ou]	[faou]	[v]	[x]
Yy	Zz	Ää	Öö	Üü	ß
[upsilonne]	[tsèt]	[è]	[eu]	[u]	[eszett]

L'alphabet allemand comporte, comme en français, les lettres de A à Z. Celles dont la prononciation diffère du français sont indiquées en vert foncé.

Les voyelles **a**, **o**, **u** peuvent prendre deux points. Il s'agit du **Umlaut**, nommé *tréma* ou *inflexion* en français. Observe bien la différence de prononciation entre la voyelle sans et avec **Umlaut**.

Le **ß eszett** est une lettre qui n'existe qu'en allemand. Elle se prononce comme **2 s**.

 **Relie les lettres à leur prononciation.**

a. ä •   • 1. [eu]

b. ü •   • 2. [v]

c. v •   • 3. [yotte]

d. y •   • 4. [u]

e. ö •   • 5. [gué]

f. h •   • 6. [é]

g. g •   • 7. [è]

h. u •   • 8. [cou]

i. w •   • 9. [ou]

j. z •   • 10. [faou]

k. j •   • 11. [upsilonne]

l. q •   • 12. [tsèt]

m. e •   • 13. [tsé]

n. c •   • 14. [ha]

2 **Épelle les noms/prénoms suivants en reprenant la prononciation « à la française » = du tableau.**

a. Schulz ➜ [   ] [   ] [   ] [   ] [   ] [   ]

b. Vera ➜ [   ] [   ] [   ] [   ]

c. Schön ➜ [   ] [   ] [   ] [   ] [   ]

d. Katja ➜ [   ] [   ] [   ] [   ] [   ]

e. Groß ➜ [   ] [   ] [   ] [   ]

5

Les majuscules et les minuscules

En allemand, aussi bien les noms propres que les noms communs prennent une majuscule. Exemples : **Deutschland**, *l'Allemagne* ; **Frankreich**, *la France* ; **die Schule**, *l'école* ; **der Lehrer**, *le professeur*.

3 **Réécris ces phrases en ajoutant les majuscules nécessaires.**

a. mein name ist sophie. *Mon nom est Sophie.*

....

b. ich wohne in lyon. *J'habite à Lyon.*

....

c. ich lerne deutsch. *J'apprends l'allemand.*

....

d. meine freundin heißt stefanie. *Mon amie s'appelle Stéphanie.*

....

e. sie kommt aus berlin. *Elle vient de Berlin.*

....

La voyelle *e*

En règle générale, la voyelle **e** se prononce [é] comme dans *été* si elle est longue (= suivie d'une seule consonne ou d'un h) et [è] comme dans *mère* si elle est brève (= suivie de plusieurs consonnes). Elle est inaccentuée et légèrement prononcée [ë] quand elle est en fin de mot comme dans *je*.

4 **Complète les prononciations des mots par [é], [è] ou bien [ë]. Les doubles points (:)**
derrière une voyelle indiquent qu'elle est allongée.

a. geht *va* [gu............:t]

b. bitte *s'il te/vous plaît* [bit......]

c. lesen *lire* [l.........:z.........n]

d. essen *manger* [......ss......n]

Le *Umlaut*

Le **a** se prononce [a] et **ä** [è] comme dans *père*.

Le **o** se prononce [o] et **ö** [eu] comme dans *peu*.

Le **u** se prononce [ou] comme dans *cou* et **ü** [u] comme dans *tutu*.

Note que le **er** final se prononce comme un léger [a].

5 **Complète ces prénoms et ces noms de famille allemands en suivant la phonétique « à la française » de la leçon.**

a. Anna Schön [.............n............ Ch.............:n]

b. Rolf Müller [R.............lf M.............la]

c. Susanne Krämer [S.............sanë Kr.............:ma]

d. Klara Schüler [Kl.............:r Ch.............:la]

Les diphtongues et le groupe *ie*

La diphtongue **au** se prononce [aou] comme dans *Saoudite*.

Les diphtongues **äu/eu** se prononcent [oï] comme dans langue d'*oïl*.

La diphtongue **ei** équivaut à [aï] comme dans *ail*.

Le groupe **ie** est un **i long** [i:] comme dans *prise* en allongeant le **i**.

6 **Retrouve le(s) mot(s) correspondant aux différentes prononciations.**

Feuer! *Au feu !*

Raus! *Dehors !*

Herein! *Entrez !*

Hilfe, Polizei! *À l'aide, police !*

Aua! *Aïe !*

Nein! *Non !*

Nie! *Jamais !*

a. [aou] ....
....

b. [oï] ....
....

c. [aï] ....
....

d. [i:] ....
....

Le *Ach-Laut, Ich-Laut* et les groupes *sch, sp, st*

Le **Ach-Laut** : Après **a**, **au**, **o** et **u**, le groupe **ch** se prononce comme un [r] raclé venant de la gorge.

Le **Ich-Laut** : Après **ä**, **e**, **eu**, **i**, **ie**, **ö** et **ü**, le groupe **ch** se prononce chuinté, avec la bouche placée comme pour sourire.

En début de mot ou de syllabe, le groupe **sch** se prononce [ch] comme dans *champ* et les groupes **sp** et **st** se prononcent [chp] et [cht].

7 Voici une série de prénoms et de noms de famille à classer dans les catégories Ach-Laut, Ich-Laut ou [ch]/[chp]/[cht].

Prénoms : Joachim   Jochen   Michael   Richard   Sascha   Stefanie

Noms de famille : Schmidt   Koch   Schuhmacher   Spielmann

a. Ach-Laut	**b.** Ich-Laut	**c.** [ch]/ [chp]/ [cht]

Les consonnes *v* et *w*

Le **v** se prononce [f] sauf dans **die Vase**, *le vase* où il se prononce comme en français.

Le **w** se prononce [v] comme dans *voyage*.

8 **Complète ces noms allemands en suivant la phonétique « à la française » de la leçon.**

a. wo *où* [...............o:]

b. viel *beaucoup* [...............i:l]

c. wie viel *combien* [...............i: ....i:l]

Les consonnes *g, j, H, r* et *ß*

Le **g** se prononce toujours [g] comme dans *gâteau* lorsqu'il se trouve en début de mot ou syllabe.

Le **j** se prononce [y] comme dans *yacht*.

Le **H** est aspiré, [H], lorsqu'il est placé en début de mot. Il se prononce comme dans *Hello* en anglais.

Le **r** et le groupe **er** en fin de mot ne sont pas accentués et se prononcent comme un léger [a].

Le **ß**, **eszett**, se prononce [ss] ou comme le **s** en début des mots français : *si, sourire*.

9 **Complète ces mots allemands en suivant la phonétique « à la française » de la leçon.**

a. Hallo! *Salut !* [...............alo]

b. heißen *s'appeler* [............... aï...............ën]

c. ja *oui* [...............a]

d. aber *mais* [a:b...............]

e. Mutter *mère* [Mout...............]

f. Jahre *ans/années* [...............a:rë]

Bilan

☺ 😐 ☹

L'alphabet

1. .... ☐ ☐ ☐
2. .... ☐ ☐ ☐

Les majuscules et les minuscules

3. .... ☐ ☐ ☐

La voyelle *e*

4. .... ☐ ☐ ☐

Le *Umlaut*

5. .... ☐ ☐ ☐

Les diphtongues et le groupe *ie*

6. .... ☐ ☐ ☐

Le *Ach-Laut*, le *Ich-Laut* et les groupes *sch*, *sp*, *st*

7. .... ☐ ☐ ☐

Les consonnes *v* et *w*

8. .... ☐ ☐ ☐

Les consonnes *g*, *j*, *H*, *r* et *ß*

9. .... ☐ ☐ ☐

Hallo! Ich bin...

Objectifs

- **Saluer**
  Pour cela, nous allons voir :
  - les différentes façons de dire bonjour / au revoir
  - la tournure **Wie geht es?** *Comment ça va ?*

- **Demander et dire** *qui est-ce?*
  Pour cela, nous allons voir :
  - les pronoms personnels sujets + le présent de l'indicatif du verbe **sein**, *être*
  - le pronom interrogatif **wer**, *qui* et la tournure **das ist/sind**, *c'est/ce sont*

- **Demander et dire comment on s'appelle, d'où on vient et où on vit**
  Pour cela, nous allons voir :
  - le présent de l'indicatif d'un verbe régulier (dit faible) (**kommen**, *venir*) ; d'un verbe régulier terminé en **-ß**, **-(s)s** ou **(t)z** (**heißen**, *s'appeler*)
  - les noms des villes et des pays
  - les pronoms interrogatifs **wie**, *comment*, **woher**, *d'où* et **wo**, *où* et les prépositions **aus**, *de* et **in**, *à/en*

- **Demander et indiquer la langue / les langues que l'on parle**
  Pour cela, nous allons voir :
  - les noms des langues
  - le présent de l'indicatif d'un verbe irrégulier en **-e** (dit fort) (**sprechen**, *parler*)

- **Demander et indiquer l'âge**
  Pour cela, nous allons voir :
  - les chiffres/nombres de 0 à 19
  - la tournure **Wie alt ...?** *Quel âge ...?*

- **Demander et indiquer le nom et les coordonnées**
  Pour cela, nous allons voir :
  - la tournure **Wie ist...?**, *Quel(le) est... ?* et comment indiquer son adresse et son adresse e-mail
  - les coordonnées personnelles

- **POINT CULTURE**
  Prénoms et noms de famille allemands

Module 1

Différentes façons de dire bonjour / au revoir

Pour saluer des gens plus âgés, qu'on ne connaît pas ou peu, on utilise les expressions suivantes : **Guten Tag!** → *Bonjour !* **Guten Tag Frau/Herr Müller!** → *Bonjour Madame/Monsieur Müller !* **Guten Abend!** → *Bonsoir !* **Auf Wiedersehen!** → *Au revoir !*

Entre jeunes, amis ou bonnes connaissances, on dit **Hallo!** ou **Grüß dich!** → *Salut !* pour dire *bonjour* et **Tschüs!** ou **Tschüss!** (De nos jours, on privilégie l'orthographe avec 2 s.) → *Salut !* pour *au revoir*. Les jeunes emploient de plus en plus le **Hi!** anglais au lieu de **Hallo!**

Guten Morgen se dit le matin (comme *Good morning!* en anglais), tandis que **Gute Nacht!** signifie *Bonne nuit !*

En Suisse alémanique, on dit **Grüezi!** pour *Bonjour !* tandis qu'en Autriche et en Bavière, on utilise **Servus!** aussi bien pour dire *Bonjour !* que pour dire *Au revoir !*

1 Retrouve les formules de salutation à employer dans les contextes et les pays suivants. ••

a. un(e) jeune Allemand(e) dit bonjour à un ami : ....
/ .... / ....!

b. un(e) Autrichien(ne) dit au revoir : ....!

c. un(e) Allemand(e) dit au revoir à une personne qu'il connaît à peine :
...........................!

d. le matin au petit déjeuner : ....!

e. avant de se coucher : ....!

La tournure *Wie geht es?* Comment ça va ?

Wie geht es? → *Comment ça va ?* Cette tournure n'a pas d'équivalent grammatical en français et signifie littéralement « *Comment va ça ?* » ; elle est à apprendre par cœur. Dans le langage parlé, on emploie souvent la version abrégée **Wie geht's?** On peut également utiliser la version avec les pronoms personnels **dir** *à toi*, **euch/Ihnen** *à vous* ; là aussi, ces différentes constructions sont (dans un premier temps) à apprendre par cœur. Nous reviendrons par la suite sur l'emploi des pronoms personnels et la différence entre le tutoiement et le vouvoiement.

Wie geht es dir? / **Wie geht's dir?** signifie *Comment vas-tu ?* (littéralement « *Comment va ça à toi ?* »)

Wie geht es euch? / Wie geht's euch? signifie *Comment allez-vous ?* (littéralement « *Comment va ça à vous ?* ») et s'emploie quand on tutoie plusieurs personnes.

Wie geht es Ihnen? → *Comment allez-vous ?* (littéralement « *Comment va ça à vous ?* ») s'emploie quand on vouvoie une ou plusieurs personnes.

Note : Contrairement au français, on ne met pas de tiret entre le verbe et le sujet d'une interrogative.

On répond par **Gut, danke. (Und dir/euch/Ihnen?)** → *Bien, merci (et toi/vous de tutoiement / vous de vouvoiement) ?*

2 **Complète les phrases.**

a.
Hi, Elena.

Wie ....?

>

<

Gut. ....

Und ....?

b.
Guten Tag Frau Müller.

.... >

.... Ihnen?

∧

Gut, danke. Und
.........................?

Dire comment ça va

Super!	*Super !*
Sehr gut!	*Très bien !*
Geht so!	*Ça va moyen !*
So lala!	*Comme ci, comme ça !*
Schlecht!	*Mal !*
Nicht gut!	*Pas bien !*

3 Que répondent les personnes ? Apprends le vocabulaire de la boîte à mots "Comment ça va ?" en page 13. Il y a à chaque fois deux réponses possibles.

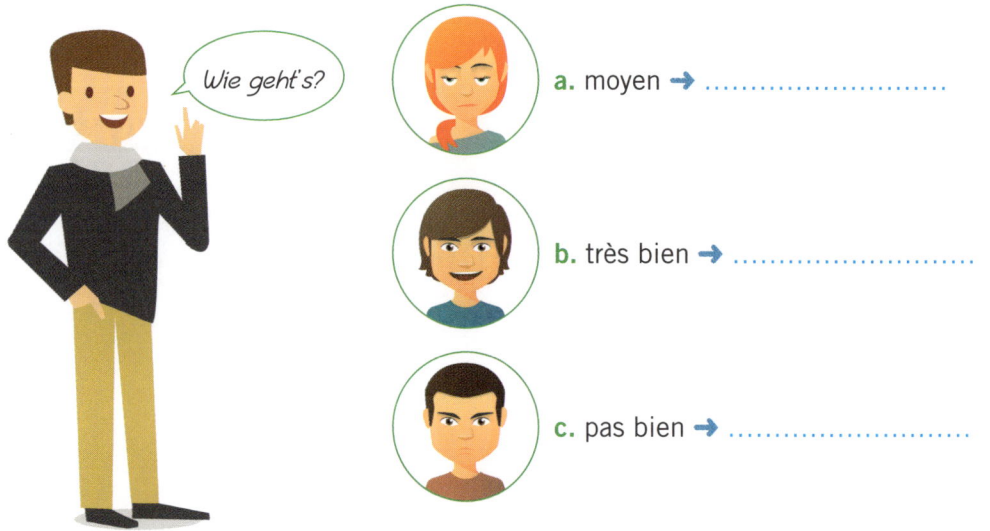

Wie geht's?

a. moyen ➜ ....

b. très bien ➜ ....

c. pas bien ➜ ....

Les pronoms personnels sujets et le verbe *sein*, être au présent de l'indicatif

	ich	du	er/sie/es	wir	ihr	sie/Sie
sein	bin	bist	ist	sind	seid	sind

Observe bien les similitudes et les différences entre les pronoms personnels sujets allemands et français :

- **ich**, **du** et **wir** = *je*, *tu* et *nous*.

- **er** et **sie** = *il* et *elle* ; **es** = le neutre, 3ᵉ genre de la déclinaison allemande qui n'existe pas en français. Selon le genre du nom français, il se traduit par *il* ou *elle*.

- **ihr** = *vous* quand on tutoie plusieurs personnes.

- **sie** = *ils* et *elles*. Au pluriel, on ne distingue pas les genres.

- **Sie** avec S majuscule = *vous* pour vouvoyer une ou plusieurs personnes.

Le verbe **sein**, *être* est un verbe très irrégulier et sa conjugaison est à apprendre par cœur.

Prénoms et noms de famille allemands

Aujourd'hui, beaucoup de prénoms allemands ressemblent aux prénoms français, comme **Alexander**, *Alexandre*, **Luka** ou **Lukas**, *Lucas*, **Michael**, *Michaël* pour les garçons ; pour les filles, **Anna**, **Elena**, **Julia** s'emploient dans les deux langues. En ce qui concerne les noms de famille, une grande majorité des noms les plus courants désignent des métiers. Ceci remonte au XIIe siècle, quand on attribuait à la personne le nom de son activité, comme **Müller** pour *le meunier*, **Koch**, *le cuisinier*, **Fischer**, *le pêcheur* ou encore **Schneider**, *le tailleur*.

4 Indique le pronom personnel correspondant. Exemples : Julia = sie. / Julia + ich = wir.

a. Michael : ....

b. Anna : ....

c. Anna + Julia : ....

d. Lukas + du : ....

e. du + ich : ....

f. Lukas + Alexander : ....

5 Complète les traductions suivantes.

a. Bonjour, je suis Julia ! Guten Morgen, ...
....!

b. Salut, nous sommes Lucas et Elena ! Hi, ...
....!

Le pronom interrogatif *wer*, qui et la tournure *das ist/sind*, c'est / ce sont.

Wer *qui* pose la question sur le sujet comme dans la question :
Wer ist das? qui signifie *Qui est-ce ?*

Pour répondre, on dira **Das ist (Julia)** quand il n'y a qu'une personne et **Das sind (Julia und Luka)** quand il y en a plusieurs : *C'est (Julia) / Ce sont (Julia et Lucas).*

Si tu t'adresses directement à la/aux personne(s), tu emploieras le pronom personnel comme en français :
Wer bist du? ➜ *Qui es-tu ?* ; **Ich bin Michael.** ➜ *Je suis Michaël.*
Wer seid ihr? ➜ *Qui êtes-vous ?* ; **Wir sind Michael und Luka.** ➜ *Nous sommes Michaël et Lucas.*

6 **Complète les questions.**

a. ....?

Das ist Julia.

b. ....?

Wir sind Anna und Luka. (tutoiement)

c. ....?

Ich bin Lena.

d. ....?

Das sind Elena und Alexander.

Les verbes *kommen*, venir et *heißen*, s'appeler au présent de l'indicatif.

	ich	du	er/sie/es	wir	ihr	sie/Sie
kommen	komme	kommst	kommt	kommen	kommt	kommen
heißen	heiße	heißt	heißt	heißen	heißt	heißen

Observe les terminaisons des infinitifs : on a généralement **-en** comme ci-dessus ou quelquefois **-n** comme pour **sein**, *être*.

Kommen est un verbe régulier et les terminaisons du présent de l'indicatif sont **-e, -st, -t, -en, -t, -en**.

Heißen est aussi régulier, mais il prend juste un **-t** et non **-st** à la 2e personne du singulier. Cette particularité phonétique vaut pour tous les verbes dont le radical se termine par **-ß, -(s)s** ou **-(t)z**. Attention : contrairement au français *s'appeler*, **heißen** n'est pas un verbe pronominal.

7 **Apprends la leçon puis, sans regarder le tableau de conjugaison, conjugue le verbe *wohnen*, *habiter* au présent de l'indicatif.**

a. ich ....

b. du ....

c. er/sie/es ....

d. wir ....

e. ihr ....

f. sie/Sie ....

Les noms des villes et des pays

Ils ont pour la plupart une racine commune avec les noms français et sont quelquefois très proches, voire identiques, comme **Lissabon**, *Lisbonne*, **Portugal**, *Portugal*. Mais certains ressemblent moins au français, comme **Deutschland**, *Allemagne*, **Spanien**, *Espagne* ou **Österreich**, *Autriche*.

Note aussi que contrairement au français, la plupart des noms de pays ne prennent pas d'article. Parmi les noms de pays avec article, mémorise juste **die Schweiz**, *la Suisse* et **die Vereinigten Staaten**.

8 À toi de jouer, maintenant ! Traduis les noms de ville/pays suivants et relie chaque capitale à son pays et chaque pays à son drapeau.

a. Wien .... •   • 1. Italien .... •   • A

b. Rom .... •   • 2. China .... •   • B

c. Tokio .... •   • 3. die Vereinigten Staaten .... •   • C

d. Peking .... •   • 4. Österreich .... •   • D

e. Paris .... •   • 5. Großbritannien .... •   • E

f. London .... •   • 6. Frankreich .... •   • F

g. Moskau .... •   • 7. Japan .... •   • G

h. Washington .... •   • 8. Russland .... •   • H

Les pronoms interrogatifs *wie*, comment, *woher*, d'où, *wo*, où et les prépositions *aus*, *de* et *in*, à/en.

Commençons tout d'abord par une petite explication grammaticale. Une question débutant par un pronom interrogatif directement suivi du verbe conjugué s'appelle en grammaire une *interrogation partielle*. Mémorise bien les exemples qui suivent avec les règles indiquées. Tu remarqueras que les pronoms interrogatifs allemands ont pour particularité de tous commencer par un **w**.

Wie signifie *comment* : **Wie heißt du?** ➜ *Comment tu t'appelles ?*
Ich heiße Elena ➜ *Je m'appelle Elena.*

Woher signifie *d'où* et **aus** *de* + nom de ville/pays est la réponse à la question.
Woher kommst du? → *D'où viens-tu ?*
Ich komme aus Deutschland → *Je viens d'Allemagne.*

Wo, *où* s'emploie pour demander le lieu où l'on est/habite (= locatif) et **in**, *à/en* + nom de ville/pays est la réponse à la question.
Wo wohnst du? → *Où habites-tu ?* – **Ich wohne in Berlin** → *J'habite à Berlin.*

Note bien que pour **die Schweiz** et **die Vereinigten Staaten**, *la Suisse* et *les États-Unis*, il faut employer les articles **der** et **den** qui sont une forme déclinée de **die** (nous y reviendrons) :
Er wohnt in der Schweiz / in den Vereinigten Staaten → *Il habite en Suisse / aux États-Unis ;*
Er kommt aus der Schweiz / aus den Vereinigten Staaten → *Il vient de Suisse / des États-Unis.*

9 Complète par le pronom interrogatif qui convient (*wo*, *wie*, *woher*).

a. .... heißen Sie?

b. .... wohnt ihr?

c. .... kommt er?

10 Complète par le verbe qui convient correctement conjugué (*kommen*, *heißen*, *wohnen*).

a. Hallo, ich .... Michael. Und du, wie .... du?

b. Wo .... ihr ? – Wir .... in Berlin.

c. Wie .... Sie? – Ich .... Anna Schmidt.

d. Woher .... Frau Schmidt? – Sie ....
aus Berlin.

11 **Traduis les phrases suivantes.**

a. Où habites-tu ?

....

b. Il vient de Berlin.

....

c. Comment s'appelle-t-elle ?

....

d. Ils habitent en Allemagne.

....

Les noms des langues

Ils se terminent par le suffixe **-isch**, excepté **Deutsch**, *allemand*. En général, ils restent très proches des noms du pays et ont pour la plupart une racine commune avec le français et/ou l'anglais ; en outre, ils prennent une majuscule car, en allemand, aussi bien les noms propres que les noms communs prennent une majuscule.

12 **Traduis les langues suivantes en français en t'appuyant dans la très grande majorité des cas sur tes connaissances des noms de pays.**

a. Französisch ....

b. Deutsch ....

c. Spanisch ....

d. Englisch ....

e. Italienisch ....

f. Chinesisch ....

g. Japanisch ....

h. Russisch ....

Le verbe *sprechen*, parler au présent de l'indicatif

	ich	du	er/sie/es	wir	ihr	sie/Sie
sprechen	spreche	sprichst	spricht	sprechen	sprecht	sprechen

Sprechen est un verbe irrégulier. Certains verbes (pas tous !) ayant un radical infinitif en **-e** changent de voyelle aux 2e et 3e personnes du singulier : le **-e** devient **-i**.

Retiens les phrases suivantes :
Sprichst du Deutsch? ➡ *Parles-tu allemand ?*
Ja, ich spreche Deutsch ➡ *Oui, je parle allemand.*
Nein, ich spreche kein Deutsch ➡ *Non, je ne parle pas allemand.*
Ich spreche ein bisschen Deutsch ➡ *Je parle un peu allemand.*

13 **Traduis les phrases suivantes.**

a. Parle-t-il italien ?

....

b. Oui, il parle espagnol.

....

c. Nous parlons un peu russe.

....

d. Non, elle ne parle pas chinois.

....

Les chiffres/nombres de 0 à 19

Tout d'abord, tu vas compter jusqu'à 12 puis de 13 à 19.

• De 1 à 12, les chiffres/nombres sont à apprendre par cœur :

0 **null**	3 **drei**	6 **sechs**	9 **neun**	12 **zwölf**
1 **eins**	4 **vier**	7 **sieben**	10 **zehn**	
2 **zwei**	5 **fünf**	8 **acht**	11 **elf**	

• De 13 à 19, il faut dire l'unité + 10. **Drei + zehn** ➜ 13 **dreizehn**. Attention aux deux irrégularités : 16 (**sechs** perd son **s**) ; 17 (**sieben** perd sa terminaison **en**).

13 **dreizehn**	15 **fünfzehn**	17 **siebzehn**	19 **neunzehn**
14 **vierzehn**	16 **sechzehn**	18 **achtzehn**	

14 Étudie les chiffres et les nombres puis, sans consulter la leçon, indique les nombres suivants en chiffres.

a. neun ....

c. fünfzehn ....

b. zwölf ....

d. neunzehn...............

La tournure *Wie alt ... ?*, Quel âge ... ?

Pour demander l'âge, on utilise la tournure **wie alt** *quel âge* + **sein**, *être* conjugué.

Exemples : **Wie alt bist du?** ➜ *Quel âge as-tu ?* – **Wie alt ist Anna?** ➜ *Quel âge a Anna ?* (littéralement : « Comment vieux/âgé es-tu / est Anna ? »). La tournure est la même qu'en anglais : *How old are you / is she?*

On répond aussi par **sein** + l'âge. La mention **Jahre alt** à la suite est facultative.

Exemples : **Ich bin 13 (Jahre alt)** ➜ *J'ai 13 ans*, littéralement « *Je suis 13 (ans âgé)* ». / **Sie ist 13 (Jahre alt)** ➜ *Elle a 13 ans*. Là aussi, c'est comme en anglais : *I'm / She is 13 (years old)*.

15 Pose la question correspondant à la réponse donnée.

a. ....?

Er ist 12.

b. ....?

Sie sind 8 und 10.

c. ....?

Wir sind 15 Jahre alt. (tutoiement)

La tournure Wie ist...?, Quel(le) est...? et comment indiquer l'adresse et l'adresse e-mail

Wie ist ...? s'emploie pour demander des informations comme **dein Name**, *ton nom*, **deine Adresse**, *ton adresse*, etc., et signifie littéralement « *Comment est... ?* ». Tu trouveras les autres termes utiles dans la boîte à mots ci-dessous. La réponse commence généralement par **Mein Name / Meine Adresse ist...** ➔ *Mon nom / Mon adresse est...*

Exemples :
Wie ist dein Name? ➔ *Quel est ton nom ?* – **Mein Name ist Luka Schneider** ➔ *Mon nom est Lucas Schneider.*
Wie ist deine Adresse? ➔ *Quelle est ton adresse ?* – **Meine Adresse ist Rheinstraße 2, Konstanz** ➔ *Mon adresse est le 2, route du Rhin, Constance.*

Tu remarqueras que, en allemand, on indique d'abord le nom de la rue + **–straße** (**die Straße (n)** signifie *la rue*) puis le numéro.

Les coordonnées personnelles

mein/dein Vorname (n)	*mon/ton prénom*
mein/dein Familienname (n)	*mon/ton nom de famille*
meine/deine Telefonnummer (n)	*mon/ton numéro de téléphone*
meine/deine Handynummer (n)	*mon/ton numéro de portable*
die Straße (n)	*la rue*
der Rhein	*le Rhin*
Rheinstraße	*rue du Rhin*
meine/deine E-Mail-Adresse (n)	*mon/ton adresse e-mail*
at	*@*
Punkt	*point*
Bindestrich	*tiret*

16 Complète les questions et les réponses si nécessaire.

a. Wie ist ....?
Meine Handynummer ist 0178306393764.

b. Wie ist ....?
Meine Adresse ist Goethestraße 2, Berlin.

c. Wie ist ....?
Mein Name ist Paula.

d. ....?
Meine E-Mail-Adresse ist anna2008@mymail.de.

17 Traduis l'adresse et indique l'adresse e-mail en toutes lettres.

a. 4, rue Mozart

➔ ....

b. tobiasschneider@mymail.de

➔ ....

KREUZWORTRÄTSEL N° 1

Avant de commencer, note que **das Kreuzworträtsel** est un nom composé de trois mots, **das Kreuz**, *la croix* + **das Rätsel**, *l'énigme / la devinette* + **das Wort**, *le mot*, et signifie *mots croisés*. Tu écriras les lettres avec **Umlaut Ä**, **Ö**, **Ü** et le eszett **ß** et non AE, OE, UE et SS comme c'est généralement la règle des mots croisés allemands. Ceci est valable pour tous les autres mots croisés. À toi de jouer, maintenant !

HORIZONTALEMENT

B2 habiter ; D5 (vous) êtes (tutoiement) ; D14 neuf ; E1 trois ; F5 prénom ; F13 cinq ; I5 bien ; I11 un (chiffre) ; L3 adresse ; L12 non ; O1 comment ; O7 Allemagne ; Q14 onze ; R3 rue

VERTICALEMENT

1E allemand ; 1O d'où ; 3A venir ; 3K ans ; 3Q (il) est ; 5P qui (sujet) ; 6A numéro de téléphone ; 6R vieux/âgé ; 8L parler ; 9E nom ; 10O salut (au revoir) ; 11E s'appeler ; 13F France ; 15 C être ; 15 J (je) suis ; 15N salut (bonjour) ; 17 L (ils) sont

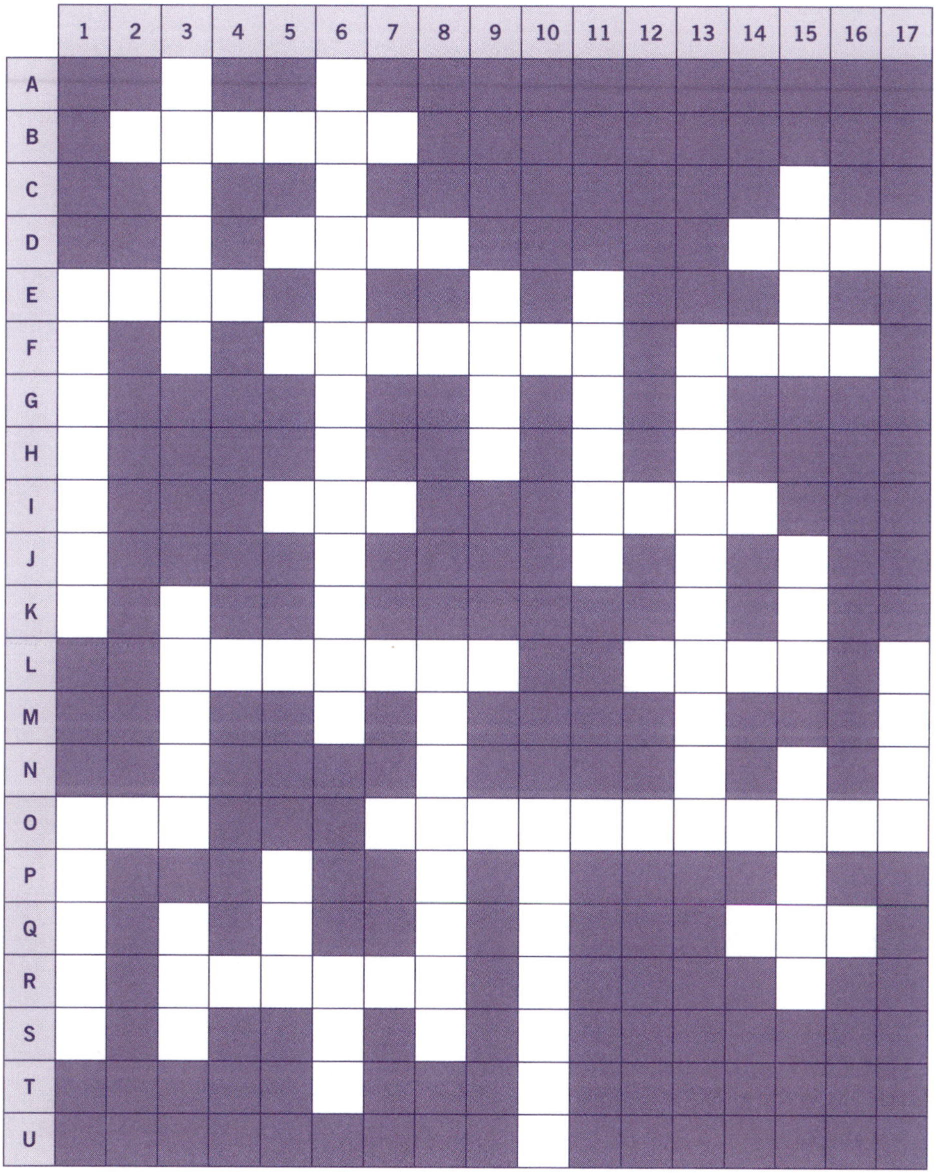

Bilan

😊 😐 ☹️

Différentes façons de dire bonjour / au revoir

1. .... ☐ ☐ ☐

La tournure *Wie geht es?* Comment ça va ?

2. .... ☐ ☐ ☐
3. .... ☐ ☐ ☐

Les pronoms personnels sujets et le verbe *sein*, être au présent de l'indicatif

4. .... ☐ ☐ ☐
5. .... ☐ ☐ ☐

Le pronom interrogatif *wer*, qui et la tournure *das ist/sind*, c'est / ce sont

6. .... ☐ ☐ ☐

Les verbes *kommen*, venir et *heißen*, s'appeler au présent de l'indicatif

7. .... ☐ ☐ ☐

Les noms des villes et des pays

8. .... ☐ ☐ ☐

Les pronoms interrogatifs *wie*, comment, *woher*, d'où, *wo*, où et les prépositions *aus*, de et *in*, à/en

9. .... ☐ ☐ ☐
10. .... ☐ ☐ ☐
11. .... ☐ ☐ ☐

Les noms des langues

12. .... ☐ ☐ ☐

Le verbe *sprechen*, parler au présent de l'indicatif

13. .... ☐ ☐ ☐

Les chiffres/nombres de 0 à 19

14. .... ☐ ☐ ☐

La tournure *Wie alt ... ?*, Quel âge... ?

15. .... ☐ ☐ ☐

La tournure *Wie ist...?*, Quel(le) est... ? et comment indiquer l'adresse et l'adresse e-mail

16. .... ☐ ☐ ☐
17. .... ☐ ☐ ☐

Kreuzworträtsel 1

.... ☐ ☐ ☐

Das ist meine Schule!

Objectifs

- **Décrire l'environnement scolaire**
  Pour cela, nous allons voir :
  - les articles définis et indéfinis au nominatif
  - les noms autour de l'école
  - le pronom interrogatif **was**, *que/quoi*
  - les noms composés

- **Parler du travail en classe**
  Pour cela, nous allons voir :
  - le présent de l'indicatif du verbe **haben**, *avoir*
  - le présent de l'indicatif d'un verbe terminé en **-d**, **-t** ou plusieurs consonnes (**arbeiten**, *travailler*) et d'un verbe irrégulier en **e** (dit fort) (**lesen**, *lire*)
  - les différentes activités en classe

- **Décrire un emploi du temps**
  Pour cela, nous allons voir :
  - les noms des matières scolaires
  - l'heure et les jours de la semaine
  - la tournure **in der … Stunde** pour indiquer l'heure de cours
  - la phrase déclarative

- **Parler des notes scolaires**
  Pour cela, nous allons voir :
  - le système de notes en Allemagne
  - exclamations de joie et déception

- **POINT CULTURE**
  Le système scolaire allemand

Module 2

Les déclinaisons et le nominatif

Que signifie le terme **déclinaison** ? Qu'est-ce que le **nominatif** ? Peut-être le sais-tu déjà, en allemand de nombreux mots (articles, pronoms...) se déclinent, c'est-à-dire qu'ils changent selon leur fonction dans la phrase (sujet, complément d'objet...). Il existe en tout quatre cas que nous étudierons progressivement. Le **nominatif** est le premier cas de la déclinaison allemande et correspond au **sujet** ou à l'**attribut du sujet.** Autre point important, l'allemand comporte trois genres reconnaissables à l'article défini singulier : le **masculin** (der **Stift**, *le stylo*) et le **féminin** (die **Note**, *la note scolaire*) comme en français, plus le neutre (das **Heft**, *le cahier*). Étudie bien tous les tableaux du nominatif. Il est important que tu les apprennes par cœur !

Les articles définis et indéfinis au nominatif

	masculin	féminin	neutre	pluriel
articles définis	der Stift	die Note	das Heft	die Stifte/Noten/Hefte
articles indéfinis	ein Stift	eine Note	ein Heft	Stifte/Noten/Hefte

Wo sind die Hefte? ➜ *Où sont les cahiers ?*

Das sind Stifte ➜ *Ce sont des stylos.*

Pour de nombreux noms, il est difficile/impossible d'expliquer le choix du genre. Il est donc important de mémoriser les noms avec leur article. Note toutefois cette règle simple : la plupart des noms se référant à des êtres masculins sont masculins (**der Lehrer**, *le professeur*), les noms se référant à des êtres féminins sont féminins (**die Lehrerin**, *la professeure*) et les petits des êtres vivants ainsi que les diminutifs en **-chen** et **-lein** sont neutres (**das Kind**, *l'enfant* ; **das Fräulein**, *la demoiselle*).

Au pluriel, on ne distingue pas les genres. L'article défini **die** vaut pour les trois genres et l'article indéfini n'a pas de forme plurielle. Le nom indéfini au pluriel ne prend donc pas d'article. Là aussi, il est important de mémoriser au début les noms avec leur terminaison plurielle. Nous l'indiquons systématiquement entre parenthèses ; dans le cas d'un pluriel irrégulier, le mot est indiqué en entier.

L'école

die Schule (n)	l'école
der Lehrer (-)	le professeur
die Lehrerin (nen)	la professeure
der Unterricht	le cours (peu employé au pluriel)
die Schulstunde (n) / die Stunde (n) (abréviation)	l'heure de cours
die Klasse (n)	la classe
die Pause (n)	la récréation
das Buch (¨er)	le livre
das Heft (e)	le cahier
der Stift (e)	le stylo
das Fach (¨er)	la matière
die Klassenarbeit (en)	le devoir sur table
die Note (n)	la note (scolaire)
das Zeugnis (se)	le bulletin de notes
das Kind (er)	l'enfant

1 Apprends le vocabulaire puis complète l'article indéfini des noms suivants.

   a. .... Buch   **c.** .... Stift   **e.** .... Schule

   b. .... Heft   **d.** .... Zeugnis   **f.** .... Klassenarbeit

2 Complète cette liste de vocabulaire avec *der*, *die* ou *das* en suivant la règle des genres indiquée ci-contre.

   a. .... Schüler, *l'élève (garçon)*   **d.** .... Mädchen, *la fille*

   b. .... Junge, *le garçon*   **e.** .... Freund, *l'ami*

   c. .... Freundin, *l'amie*   **f.** .... Schülerin, *l'élève (fille)*

Le pronom interrogatif *was, que/quoi*

Was *que/quoi* se réfère comme en français à un objet/quelque chose d'inanimé comme dans la question **Was ist das?** → *Qu'est-ce que c'est ?*

Pour répondre, on emploie la tournure **das ist** + singulier / **das sind** + pluriel :
Das ist ein Stift → *C'est un stylo.*
Das sind Stifte → *Ce sont des stylos.*

3 *Was ist das?* **À toi de répondre.**

a. ....   b. ....   c. ....

....

Les noms composés

De nombreux noms allemands sont composés de deux noms simples, ou plus. Le genre et le nombre sont déterminés par le dernier terme. Attention ! L'ordre des termes est inversé par rapport au français. Voici plusieurs noms composés concernant le monde scolaire.
Exemple : **der Sport**, *le sport* + **die Halle**, *la salle* → **die Sporthalle**, *la salle de sport*

Dans certains cas, on ajoute une lettre de liaison et, dans d'autres, on en supprime une. Dans un premier temps, apprends ces noms par cœur. Voici quelques exemples.
die Klasse, *la classe* + **das Zimmer**, *la chambre* → **das Klassenzimmer**, *la salle de classe*
die Stunde, *l'heure* + **der Plan**, *le plan/planning* → **der Stundenplan**, *l'emploi du temps*
die Schule, *l'école* + **das Jahr**, *l'année* → **das Schuljahr**, *l'année scolaire*

4 Voici l'occasion de tester ton vocabulaire. Ajoute le nom manquant à chacun des exemples ci-dessous. Il est souligné dans la version française et il faut tenir compte du « mot à mot » indiqué pour le b. et le d.

a. der Sport .... *professeur* de sport

b. die Klassen .... *professeure principale, mot à mot professeure de classe.*

c. der Deutsch .... *cours* d'allemand

d. die Schul .... *écoliers, mot à mot enfants de l'école.*

Le verbe *haben*, avoir au présent de l'indicatif

	ich	du	er/sie/es	wir	ihr	sie/Sie
hab**en**	hab**e**	ha**st**	ha**t**	hab**en**	hab**t**	hab**en**

Haben est irrégulier aux 2e et 3e personnes du singulier.

Note les exemples suivants construits avec **haben** : **Schule haben**, *avoir école* ; **eine Freistunde haben**, *avoir une heure de libre/permanence* ; **Pause haben**, *être en récré* (mot à mot *avoir la récré*) ; **Unterricht haben**, *avoir cours*.

5 Mets les phrases suivantes au singulier.

a. Wir haben Schule.

....

b. Die Schüler haben Pause.

....

c. Ihr habt eine Freistunde.

....

d. Die Kinder haben Unterricht.

....

Les verbes *arbeiten*, travailler et *lesen*, lire au présent de l'indicatif

	ich	du	er/sie/es	wir	ihr	sie/Sie
arbeit**en**	arbeit**e**	arbeit**est**	arbeit**et**	arbeit**en**	arbeit**et**	arbeit**en**
les**en**	les**e**	l**ie**s**t**	l**ie**s**t**	les**en**	les**t**	les**en**

Arbeiten est régulier, mais il prend un **-e** phonétique aux 2ᵉ et 3ᵉ personnes du singulier et à la 2ᵉ personne du pluriel. Cette particularité concerne les verbes réguliers avec un radical terminé en **-t**, **-d** ou plusieurs consonnes comme **-chn**.

Lesen est un verbe irrégulier. Certains verbes ayant un radical infinitif en **-e** changent de voyelle aux 2ᵉ et 3ᵉ personnes du singulier ; le **-e** devient **-ie**. Sur le même modèle, on a **sehen**, *voir*. Par ailleurs, le verbe **lesen** prend juste un **-t** à la 2ᵉ personne du singulier, étant donné que son radical se termine par **-s** (cf. **heißen**, module 1). Souviens-toi que pour d'autres verbes, le **-e** devient **-i**.

Apprends le vocabulaire ci-dessous et note que les verbes marqués d'un * ne présentent ni irrégularité, ni particularité phonétique au présent.

Les activités en classe

rechnen	*calculer/compter*
zeichnen	*dessiner*
einen Film sehen	*voir un film*
ein Buch lesen	*lire un livre*
mit dem Computer arbeiten	*travailler avec l'ordinateur*
ein Diktat schreiben*	*écrire une dictée*
für die Klassenarbeit lernen*	*étudier pour le devoir sur table*
Mathe machen*	*faire des maths*
die Hausaufgaben notieren*	*noter les devoirs*

6 Indique ce que fait l'élève en employant les verbes et les exemples de la leçon.

a. Der Schüler …   **b.** Die Schülerin …   **c.** Die Schülerin …   **d.** Der Schüler …

....

....

7 Complète les phrases avec le verbe manquant.

a. Wir .... für die Klassenarbeit.
(Nous étudions pour le devoir sur table.)

b. Die Kinder .... Mathe.
(Les enfants font des maths.)

c. Der Junge .... ein Diktat.
(Le garçon écrit une dictée.)

d. Die Schüler ....die Hausaufgaben.
(Les élèves notent les devoirs.)

Le système scolaire allemand

Excepté les plus grands qui peuvent avoir des cours l'après-midi, les élèves allemands terminent généralement leur journée entre 13 heures et 14 heures / 14 h 30, mais ils commencent plus tôt, quelquefois à 7 h 30. Pour couper la matinée, il y a **die erste und die zweite große Pause**, *la 1ʳᵉ et la 2ᵉ grande récréation*, durant lesquelles les élèves prennent une petite collation dite **das Pausenbrot** (littéralement *le pain de la pause*). Selon les établissements, les jeunes Allemands passent **das Abitur**, *le bac* au bout de douze ou treize ans. **Die erste Klasse**, *la 1ʳᵉ classe*, correspond au CP et **die zwölfte oder dreizehnte Klasse**, *la 12ᵉ ou 13ᵉ classe*, à la terminale.

Les noms des matières scolaires

Ils sont assez proches du français : par exemple, **Physik**, **Mathematik** et **Sport** seront très faciles à deviner. D'autres sont plus difficiles, mais tu vas les apprendre dans le prochain exercice.

8 **Complète les traductions. Les noms les plus difficiles sont déjà traduits.**

a. Deutsch ....

Geschichte *histoire*

b. Englisch ....

Erdkunde *géographie*

c. Französisch* ....

d. Sport ....

e. Mathematik* ....

Kunst *dessin*

f. Biologie* ....

g. Musik ....

h. Physik ....

i. Religion ....

j. Chemie ....

Ethik *éthique*

* Dans le langage parlé, tu emploieras plutôt les contractions **Franz** pour **Französisch**, **Mathe** pour **Mathematik**, **Geschi** pour **Geschichte**, **Reli** pour **Religion** et **Bio** pour **Biologie**.

L'heure et les jours de la semaine

9 H 00	neun Uhr
9 H 05	fünf nach neun
9 H 15	Viertel nach neun
9 H 25	fünf vor halb zehn

9 H 30	halb zehn
9 H 35	fünf nach halb zehn
9 H 40	zwanzig vor zehn
9 H 45	Viertel vor zehn

Pour demander/donner l'heure, on emploie généralement les chiffres/nombres jusqu'à douze (matin et après-midi) en indiquant d'abord les minutes, puis l'heure entière.

Jusqu'à vingt, on emploie la préposition **nach**, *après* ; à partir de moins vingt, la préposition **vor**, *avant*.

Viertel nach et **Viertel vor** signifient *et quart* et *moins le quart*.

Halb correspond à *demie* mais attention : contrairement au français, on compte à partir de l'heure à venir et non l'heure entamée ! Exemple : 9 h 30 ➜ **halb zehn** (littéralement « *demie dix* ») ou bien 9 h 25 / 9 h 35 ➜ **fünf vor halb zehn** / **fünf nach halb zehn** (littéralement « *cinq avant demie dix* » / « *cinq après demie dix* »).

Pour demander l'heure, il y a deux tournures possibles. On dit **Wie viel Uhr ist es?** (littéralement « *Comment beaucoup heure est-il ?* ») ou **Wie spät ist es?** (littéralement « *Comment tard est-il ?* »). On répond par **Es ist...** ➜ *Il est...*

Pour demander et indiquer à quelle heure, on utilise la préposition **um** : **Um wie viel Uhr hast du Deutsch?** ➜ *À quelle heure as-tu allemand ?* – **Um 8** ➜ *À 8 heures.* Attention ! Pour *À quelle heure... ?*, on ne peut pas dire ~~**Um wie spät...?**~~

Pour demander le jour, on utilise le pronom interrogatif **wann**, *quand* et la préposition **am** + jour pour l'indiquer : **Wann hast du Sport?** – **Am Montag und am Freitag** ➜ *Quand as-tu sport ?* – *Le lundi et le vendredi.*

Les jours de la semaine

Montag	*lundi*	Samstag	*samedi*
Dienstag	*mardi*	Sonntag	*dimanche*
Mittwoch	*mercredi*	beginnen	*commencer*
Donnerstag	*jeudi*	enden	*finir*
Freitag	*vendredi*		

9 Indique l'heure en toutes lettres.

a. `06 40` Es ist ....

b. `07 00` Es ist ....

c. `11 15` Es ist ....

d. `05 30` Es ist ....

	Montag	Dienstag	Mittwoch	Donnerstag	Freitag
1. Stunde 8^{00} – 8^{50}	Deutsch	Englisch	Französisch	Kunst	Physik
2. Stunde 8^{55} – 9^{45}	Biologie	Religion/ Ethik	Physik	Kunst	Deutsch
PAUSE					
3. Stunde 10^{00} – 10^{50}	Sport	Mathematik	Geschichte	Mathematik	Geschichte
4. Stunde 10^{55} – 11^{45}	Sport	Geschichte	Biologie		Sport
PAUSE					
5. Stunde 12^{00} – 12^{50}	Mathematik	Musik	Chemie	Französisch	Englisch
6. Stunde 12^{55} – 13^{45}	Erdkunde	Deutsch	Englisch	Erdkunde	Deutsch
7. Stunde 13^{50} – 14^{40}	Französisch			Musik	

10 Observe l'emploi du temps ci-dessus, puis indique les horaires en toutes lettres.

a. Um wieviel Uhr beginnt die Schule?

Um ....

b. Um wieviel Uhr endet die Schule am Freitag?

Um ....

c. Um wieviel Uhr beginnt die erste große Pause?

Um ....

11 Complète la question correspondant à la réponse donnée. S'il y a plusieurs possibilités, indique-les.

a. .... ist es?

Es ist 10.20 Uhr.

b. .... hat Anna Sport?

Am Montag.

c. .... hast du Deutsch?

Um 8.00 Uhr.

La tournure *in der... Stunde* pour indiquer l'heure de cours

Pour indiquer l'heure de cours, on emploie la tournure **in der** + nombre ordinal + **Stunde**. Le nombre ordinal se forme à partir du nombre cardinal + **-ten**. Exemple : **zwei** → **in der zweiten Stunde** → littéralement « *dans la 2e heure* ». Il existe trois irrégularités : **eins** → **in der ersten Stunde** ; **drei** → **in der dritten Stunde** ; **sieben** → **in der siebten Stunde**. Les nombres indiqués en chiffres sont suivis d'un point : **in der 1. Stunde.**

Note aussi la question construite avec **was** : **Was hast du am Montag in der 1. (ersten) Stunde?** → *Qu'est-ce que tu as lundi en 1re heure ?*

12 Selon l'emploi du temps fourni ci-contre, complète la question avec *in der .... Stunde.*
Exemple : *Was hast du am Montag in der ersten Stunde? — Deutsch.*

a. Was hast du am Montag ....? – Sport.

b. Was hast du am Dienstag ....? – Deutsch.

c. Was hast du am Mittwoch ....? – Geschichte.

d. Was hast du am Donnerstag ....? – Kunst.

e. Was hast du am Freitag ....? – Englisch.

La phrase déclarative

Elle peut commencer soit par le sujet, soit par un complément (de temps, de lieu…). Mais attention ! Le verbe conjugué occupe toujours la 2e place. Si la phrase commence par un complément, le sujet passe alors derrière le verbe conjugué pour occuper la place du complément. Observe bien les exemples qui suivent :

Ich habe am Montag Sport ➜ **Am Montag habe ich Sport.**

Der Unterricht beginnt um 8 Uhr ➜ **Um 8 Uhr beginnt der Unterricht.**

13 **Remets les éléments de la phrase dans l'ordre en suivant l'exemple ci-dessus : a) sujet en tête ; b) complément de temps en tête.**

1. schreiben / die Schüler / am Dienstag / ein Diktat

   a. ....

   b. ....

2. in der 5. Stunde / ich / Musik / habe

   a. ....

   b. ....

Le système de notation en Allemagne

Les notes en Allemagne vont de 1 **(eins)** à 6 **(sechs)** : 1 *très bien*, 2 *bien*, 3 *satisfaisant*, 4 *suffisant* (= la moyenne), 5 *médiocre*, 6 *insuffisant*. Les notes peuvent aussi être différenciées par **+ plus** et **– minus**, par exemple **2+ (zwei plus)** équivaut à un *bien « élevé »* et **2- (zwei minus)** à un *bien « bas »*.

14 **Écris les notes en toutes lettres.**

a. 3 ....

b. 4 + ...

c. 5 + ...

d. 1- ....

Commenter les notes et exprimer sa joie ou déception

Welche Note hast du (in Bio)?	*Quelle note as-tu (en bio) ?*
Ich habe eine 3 (in Bio).	*J'ai un 3 (en bio).*
Ich freue mich.	*Je me réjouis.*
Toll!	*Génial !*
Wow!	*Waouh !*
Mist!	*Zut ! Crotte !*

15 Observe les copies et complète les phrases du dialogue avec les mots et les notes manquants.

MATHEMATIK

Petra Müller   *1+*

FRANZÖSISCH

Sabine Schmidt   *5*

DEUTSCH

Petra Müller   *2+*

Sabine : Hi Petra! Wie geht's?

Petra: Sehr gut! Ich habe eine 2+ in ....

Sabine : Toll!

Petra: Und ich habe eine .... in Mathe. Ich .... mich.

Sabine : Wow!

Petra: Und welche .... hast du in Franz?

Sabine : Ich habe eine ....

Petra: ....!

KREUZWORTRÄTSEL N° 2

HORIZONTALEMENT

A4 écrire ; C3 stylo ; C13 heure (unité de temps, angl. *hour*) ; E5 dessiner ; F1 récréation ; G7 devoirs ; I7 livre ; J14 note ; K3 lire ; M2 compter/calculer ; M13 dictée ; O3 super ; O8 Zut !/Crotte ! ; R9 vendredi ; S2 dimanche

VERTICALEMENT

1F physique ; 3C école ; 3K (il) lit ; 4Q quand ; 5E bulletin de notes ; 6A cahiers ; 6O (il) apprend ; 7G avoir ; 10G élève (garçon) ; 10O sport ; 13M mardi ; 14A maths (contraction) ; 16E (tu) travailles ; 18B commencer ; 18K mercredi

Bilan

☺ 😐 ☹

Les articles définis et indéfinis au nominatif

1. .... ☐ ☐ ☐
2. .... ☐ ☐ ☐

Le pronom interrogatif *was*, que/quoi

3. .... ☐ ☐

Les noms composés

4. .... ☐ ☐ ☐

Le verbe *haben*, avoir au présent de l'indicatif

5. .... ☐ ☐ ☐

Les verbes *arbeiten*, travailler et *lesen*, lire au présent de l'indicatif

6. .... ☐ ☐ ☐
7. .... ☐ ☐ ☐

Les noms des matières scolaires

8. .... ☐ ☐ ☐

L'heure et les jours de la semaine

9. .... ☐ ☐ ☐
10. .... ☐ ☐ ☐
11. .... ☐ ☐ ☐

La tournure *in der... Stunde* pour indiquer l'heure de cours

12. .... ☐ ☐

La phrase déclarative

13. .... ☐ ☐ ☐

Le système de notation en Allemagne

14. .... ☐ ☐ ☐
15. .... ☐ ☐ ☐

Kreuzworträtsel 2

.... ☐ ☐ ☐

Kennst du meine Familie?

Objectifs

- **Parler de ta famille ou de celle de ton/tes interlocuteur(s)**
  Pour cela, nous allons voir :
  - les déterminants possessifs (1re et 2e pers. sing./plur. au nominatif)
  - les noms des membres de la famille
  - les articles définis/indéfinis et les déterminants possessifs (1re et 2e pers. sing./plur.) à l'accusatif
  - le pronom interrogatif **wen**, *qui*

- **Parler de la famille d'une autre / d'autres personne(s)**
  Pour cela, nous allons voir :
  - les déterminants possessifs (3e pers. sing./plur. au nominatif et à l'accusatif)
  - le génitif saxon ou la tournure **von** + prénom

- **Parler de ses animaux domestiques**
  Pour cela, nous allons voir :
  - les noms autour des animaux domestiques
  - la préposition **für**, *pour*

- **Parler des différentes étapes dans la vie**
  Pour cela, nous allons voir :
  - les nombres cardinaux pour indiquer les années
  - la tournure **am...**, *le...* pour indiquer la date
  - les noms des mois
  - le **Perfekt**, *passé composé* de verbes marquant différentes étapes dans la vie

- **POINT CULTURE**
  Der Polterabend, une tradition germanique païenne

Les déterminants possessifs : 1re et 2e personnes du singulier et du pluriel au nominatif

Mein Vater heißt Jan ➔ *Mon père s'appelle Jan.*

Wie heißt deine Mutter? ➔ *Comment s'appelle ta mère ?*

Wie alt sind eure Kinder? ➔ *Quel âge ont vos enfants ?*

Le tableau suivant présente les déterminants possessifs au nominatif, aux 1re et 2e personnes du singulier et du pluriel.

	masculin	féminin	neutre	pluriel
ich	**mein Vater** *mon père*	**meine Mutter** *ma mère*	**mein Kind** *mon enfant*	**meine Eltern** *mes parents*
du	**dein Vater** *ton père*	**deine Mutter** *ta mère*	**dein Kind** *ton enfant*	**deine Eltern** *tes parents*
wir	**unser Vater** *notre père*	**unsere Mutter** *notre mère*	**unser Kind** *notre enfant*	**unsere Eltern** *nos parents*
ihr	**euer Vater** *votre père*	**eure Mutter** *votre mère*	**euer Kind** *votre enfant*	**eure Eltern** *vos parents*

Il est important de distinguer entre le possesseur et le possédé :

• le radical (en noir) dépend du possesseur. Exemples : **ich ➔ mein**, **du ➔ dein**, etc. ;

• la terminaison (en rose) dépend du possédé. Le masculin et le neutre ne prennent pas de terminaison au nominatif, le féminin et le pluriel prennent un **-e** au nominatif.

Souviens-toi que les noms se référant au sexe féminin sont féminins, ceux au sexe masculin sont masculins et ceux aux petits des êtres vivants et diminutifs sont neutres.

1 **Complète les déterminants possessifs tout en mémorisant le vocabulaire.**

a. .... Bruder, *notre frère*

b. .... Großvater, *votre grand-père*

c. .... Tocher, *ta fille*

d. .... Geschwister, *mes frères et sœurs*

e. .... Sohn, *votre fils*

f. .... Großeltern, *tes grands-parents*

g. .... Schwester, *ma sœur*

h. .... Großmutter, *ma grand-mère*

i. .... Cousine, *ta cousine*

j. .... Cousin, *mon cousin*

k. .... Onkel, *notre oncle*

l. .... Tante, *votre tante*

m. .... Baby, *mon bébé*

2 **Mets ces exemples au singulier. Essaie de faire cet exercice sans revenir sur l'exercice 1.**

a. deine Töchter ....

b. eure Brüder ....

c. unsere Väter ....

d. eure Schwestern ....

e. meine Cousins ....

f. deine Cousinen ....

L'accusatif

Avant d'aller plus loin avec le vocabulaire sur la famille, nous allons aborder l'accusatif. Il équivaut au 2ᵉ cas de la déclinaison allemande, qui correspond au complément d'objet direct, introduit par des verbes comme **haben**, *avoir*, **kennen**, *connaître*, **suchen**, *chercher*, **treffen**, *rencontrer*, etc. Il répond à la question **wen? was?** (*qui ? que/quoi ?*) En règle générale, tu pourras te référer au français car les verbes régissant un complément d'objet direct en français régissent un accusatif en allemand. Autre point important : il existe aussi plusieurs prépositions se construisant avec l'accusatif. Nous en verrons quelques-unes au cours de nos leçons. Avant de faire les exercices, mémorise bien chaque tableau de déclinaison.

Articles définis, articles indéfinis et déterminants possessifs (1ʳᵉ et 2ᵉ personnes du singulier et pluriel) à l'accusatif

masculin	féminin	neutre	pluriel
den Bruder	die Schwester	das Kind	die Geschwister
einen Bruder	eine Schwester	ein Kind	Geschwister
meinen Bruder	meine Schwester	mein Kind	meine Geschwister
deinen Bruder	deine Schwester	dein Kind	deine Geschwister
unseren Bruder	unsere Schwester	unser Kind	unsere Geschwister
euren Bruder	eure Schwester	euer Kind	eure Geschwister

Ich habe **einen** Bruder und **eine** Schwester ➜ *J'ai un frère et une sœur.*

Ich kenne **deinen** Bruder und **deine** Schwester ➜ *Je connais ton frère et ta sœur.*

Tu observeras que seul le masculin change par rapport au nominatif ; en outre, le déterminant possessif suit la même déclinaison que **ein**.

3 Complète avec les terminaisons si nécessaire.

a. Anna hat ein......... Schwester und ein......... Bruder.

b. Ich kenne ihr......... Eltern.

c. Am Montag treffe ich eur......... Großeltern.

d. Sie haben ein......... Kind.

e. Du kennst ihr......... Großvater.

4 Inverse les fonctions. Le sujet devient COD et le COD devient sujet.
Exemple : *Mein Vater kennt deine Schwester → Deine Schwester kennt meinen Vater.*

a. Mein Vater kennt deinen Bruder.

....

b. Unsere Großmutter kennt euren Vater.

....

c. Dein Onkel kennt meine Tante.

....

d. Eure Eltern kennen meinen Großvater.

....

Le pronom interrogatif *wen, qui*

En allemand, le pronom interrogatif *qui* se décline :

- **wer** exprime le nominatif. **Wer** ist das? → *Qui est-ce ?*
- **wen** exprime l'accusatif. **Wen** triffst du? → *Qui rencontres-tu ?*

5  *Wer* ou *wen* ? À toi de jouer !

a. .... kennst du?　　　**d.** .... kennt deinen Bruder?

b. .... trefft ihr morgen?　**e.** .... bist du?

c. .... wohnt in Berlin?　　**f.** .... kennt dein Bruder?

Les déterminants possessifs : 3ᵉ personnes du singulier et du pluriel au nominatif et à l'accusatif

Wo sind Sabine und ihr Vater? ➜ *Où sont Sabine et son père ?*
Wo sind Michael und seine Mutter? ➜ *Où sont Michaël et sa mère ?*
Ich kenne Lukas und seinen Vater ➜ *Je connais Lucas et son père.*

La 3ᵉ personne (du singulier et du pluriel) se décline comme suit :

Nominatif

	masculin	féminin	neutre	pluriel
er/es	**sein Vater** *son père*	**seine Mutter** *sa mère*	**sein Kind** *son enfant*	**seine Eltern** *ses parents*
sie (elle, ils/elles)	**ihr Vater** *son/leur père*	**ihre Mutter** *sa/leur mère*	**ihr Kind** *son/leur enfant*	**ihre Eltern** *ses/leurs parents*

Accusatif

	masculin	féminin	neutre	pluriel
er/es	**seinen Vater** *son père*	**seine Mutter** *sa mère*	**sein Kind** *son enfant*	**seine Eltern** *ses parents*
sie (elle, ils/elles)	**ihren Vater** *son/leur père*	**ihre Mutter** *sa/leur mère*	**ihr Kind** *son/leur enfant*	**ihre Eltern** *ses/leurs parents*

Les terminaisons sont les mêmes que pour **mein/meine**, **dein/deine**, etc.

Attention à la distinction suivante qui n'existe pas en français :
- **sein** se réfère à un possesseur masculin ou neutre. Par exemple, pour dire *son père et sa mère*, quand le possesseur est **Michael** ou **das Kind**, on dira **sein Vater** (nominatif) **seinen Vater** (accusatif) **und seine Mutter** (nominatif et accusatif) ;

- **ihr** se réfère à un possesseur féminin. Par exemple, pour dire *son père et sa mère* quand le possesseur est **Sabine**, on dira **ihr Vater** (nominatif) / **ihren Vater** (accusatif) **und ihre Mutter** (nominatif et accusatif) ;

- **ihr** se réfère aussi à un possesseur pluriel et correspond à *leur(s)*. Par exemple, pour dire *leur père et leur mère* (possesseurs : **Michael** et **Sabine**), on dira **ihr Vater** (nominatif) / **ihren Vater** (accusatif) **und ihre Mutter** (nominatif et accusatif).

6 Complète les phrases par le déterminant possessif. Le possesseur est indiqué en gras.

a. Das ist **Petra** und das sind .... Eltern.

b. **Tobias** und .... Großeltern sind in Berlin.

c. Ich kenne **Anna** und .... Schwester.

d. **Die Eltern** treffen .... Sohn.

e. **Sabine** trifft .... Schwester.

f. **Das Kind** sucht .... Mutter.

Le génitif saxon ou la tournure « *von* + prénom »

Pour dire *la mère*, *le père... de* + prénom, deux constructions sont possibles en allemand.

- Le génitif saxon est la première construction possible. Il se forme comme suit : prénom + s + possédé. Exemple : **Anna + s + Mutter** ➜ **Annas Mutter** ➜ *la mère d'Anna*. Remarque : Si le prénom se termine en **-s** comme **Jens**, on ajoute juste une apostrophe. Exemple : **Jens + ' + Mutter** ➜ **Jens' Mutter** ➜ *la mère de Jens*.

- La préposition **von**, *de* + prénom est la seconde construction possible. Exemple : **die Mutter von Anna** / **von Jens** ➜ *la mère d'Anna / de Jens*.

7 Traduis les phrases suivantes en utilisant les deux variantes.

a. le grand-père de Sabine

....

b. les parents de Lena

....

c. le frère de Lars

....

d. le père de Michaël

....

Les animaux domestiques

das Haustier (e)	l'animal domestique
der Hund (e)	le chien
die Katze (n)	le chat
der Vogel (¨)	l'oiseau
der Hamster (-)	le hamster
die Schildkröte (n)	la tortue
der Goldfisch (e)	le poisson rouge
der Knochen (-)	l'os
das Aquarium (Aquarien)	l'aquarium
die Maus (¨e)	la souris
der Salat (e)	la salade
der Käfig (e)	la cage

8 Complète les bulles.

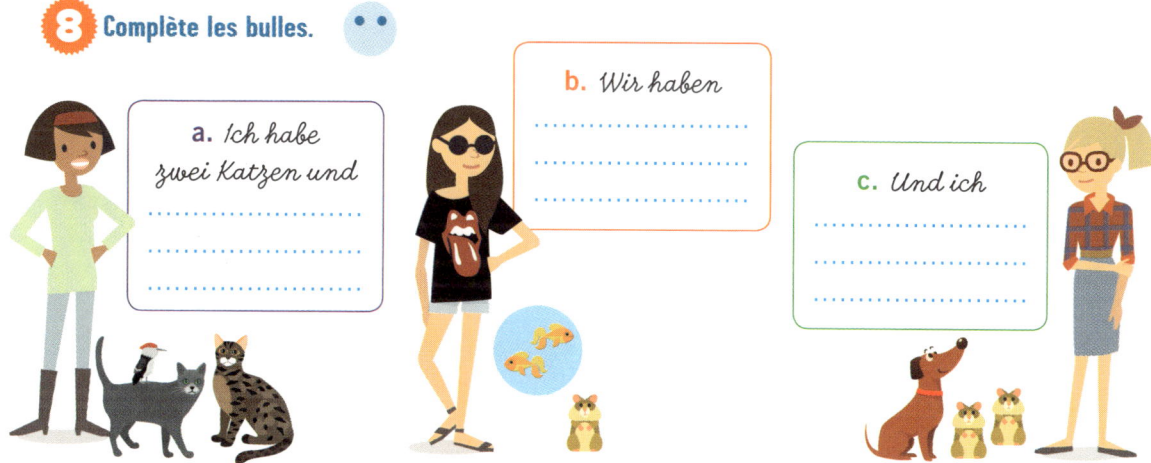

a. *Ich habe zwei Katzen und*
....
....
....

b. *Wir haben*
....
....
....

c. *Und ich*
....
....
....

La préposition *für*, pour

Certaines prépositions sont suivies de l'accusatif, comme la préposition **für**, *pour*.
Exemple : **Der Käfig ist für meinen Hamster** ➜ *La cage est pour mon hamster.*
Das ist für meine Schildkröte ➜ *C'est pour ma tortue.*

9 Ajoute les terminaisons du déterminant possessif plus le nom de l'animal.

a. Der Knochen ist für mein ....

b. Die Maus ist für unser ....

c. Der Salat ist für dein ....

d. Das Aquarium ist für mein ....

e. Der Käfig ist für unser ....

Les nombres cardinaux pour indiquer les années

Tu vas d'abord étudier les nombres cardinaux jusqu'aux milliers.
Ils te serviront pour indiquer les années.

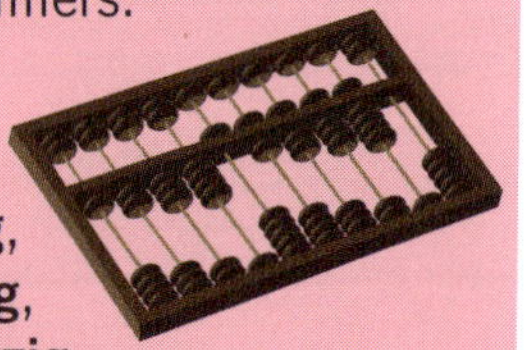

De 20 à 29
On indique d'abord l'unité + **und** + la dizaine : **20 zwanzig**,
21 einundzwanzig, **22 zweiundzwanzig**, **23 dreiundzwanzig**,
24 vierundzwanzig, **25 fünfundzwanzig**, **26 sechsundzwanzig**,
27 siebenundzwanzig, **28 achtundzwanzig**, **29 neunundzwanzig**

De 30 à 99
Le principe est la même que de 20 à 29 : **30 dreißig**,
31 einunddreißig, **40 vierzig**, **45 fünfundvierzig**, **50 fünfzig**,
60 sechzig, **70 siebzig**, **80 achtzig**, **90 neunzig**

Centaines et milliers
100 (ein)hundert, 200 zweihundert, 900 neunhundert,
1 000 (ein)tausend, 2 000 zweitausend, 8 000 achttausend
L'ordre est : millier + centaine + unité + **und** + dizaine !
Exemples : **254 = zweihundertvierundfünfzig**
8 402 = achttausendvierhundertzwei
9 325 = neuntausenddreihundertfünfundzwanzig

Pour indiquer les années, la règle n'est pas tout à fait la même que ci-dessus.
Pour les années jusqu'à 1999, on dit comme en français
siebzehnhundert…, *dix-sept cents…* ; **neunzehnhundert…**, *dix-neuf cents…*
Par exemple, **1789 siebzehnhundertneunundachtzig** ;
1989 neunzehnhundertneunundachtzig

À partir de 2000, on dit en revanche **zweitausend…**, *deux mille…*
Par exemple, **2009 zweitausendneun** ; **2029 zweitausendneunundzwanzig**

10 **Écris les nombres en chiffres.**

a. vierundsiebzig

....

b. siebenhundertdrei

....

c. dreitausendneunhundertzweiundzwanzig

....

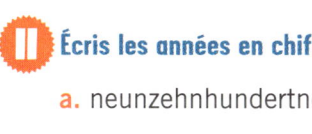 **Écris les années en chiffres.**

a. neunzehnhundertneunundachtzig

....

b. achtzehnhundertneunzig

....

c. neunzehnhundertvierundfünfzig

....

d. zweitausendsechs

....

La tournure *am...*, *le...* pour indiquer la date

Pour indiquer le jour, on emploie la préposition **am** + nombre ordinal + mois. Les nombres ordinaux se forment comme suit :

- De 1 à 19, on utilise le nombre cardinal + **-ten** (comme pour la tournure **in der ... Stunde**, cf. module 2).
  Exemples : **am 2. (zweiten) Mai** ➜ *le 2 mai* (littéralement « le 2e ») .
  Attention aux irrégularités : **am 1. (ersten) Juni** ➜ *le 1er juin*,
  am 3. (dritten) April ➜ *le 3 avril* (littéralement « le 3e »)
  et **am 7. Juli (siebten)** ➜ *le 7 juillet* (littéralement « le 7e »).

- À partir de 20 : nombre cardinal + **-sten**. Exemples : **am zwanzigsten Mai** ➜ *le 20 mai* (littéralement « le 20e »), **am dreißigsten März** ➜ *le 30 mars* (littéralement « le 30e »).

Les mois de l'année

Januar	*janvier*		Juli	*juillet*
Februar	*février*		August	*août*
März	*mars*		September	*septembre*
April	*avril*		Oktober	*octobre*
Mai	*mai*		November	*novembre*
Juni	*juin*		Dezember	*décembre*

 **Traduis les dates comme dans l'exemple suivant :**
le 02/05/1990 ➜ *am 2. (zweiten) Mai 1990 (neunzehnhundertneunzig)*

a. le 13/06/1999

....

b. le 25/01/2004

....

c. le 03/08/2018

....

Une particularité allemande

À propos de mariage, il existe en Allemagne une coutume qui remonte à une ancienne tradition germanique païenne et qui se célèbre la veille du mariage : **der Polterabend**, que l'on peut traduire par *veille des noces*. Il s'agit d'une fête célébrée la veille du mariage où les invités arrivent avec de la vaisselle qu'ils brisent au cours de la soirée. À l'origine, le bruit occasionné par la vaisselle brisée avait pour but d'effrayer et de chasser les mauvais esprits. Note que **poltern** signifie *faire du vacarme* et **das Poltern** signifie *le vacarme*.

Le passé

À l'oral, on parle généralement au **Perfekt**, *parfait*, qui correspond au *passé composé* français. Voici quelques exemples de tournures à apprendre par cœur.

ist ... geboren, *est né*
hat ... Abitur gemacht, *a passé le bac*
hat ... geheiratet, *s'est marié*

hat ein Kind bekommen, *a eu un enfant*
ist ... gestorben, *est décédé*

Note aussi que le participe passé se place en fin de phrase et qu'il se construit généralement avec le préfixe **ge-**. Exemples :
Ich bin am 25. Januar 2008 geboren ➜ *Je suis né le 25 janvier 2008.*
Mein Bruder hat 2018 Abitur gemacht ➜ *Mon frère a passé le baccalauréat en 2018.*

13 Remets les éléments dans l'ordre en commençant par le sujet.
N'oublie pas d'ajouter les majuscules pour les mots en début de phrase.

a. geboren / meine Cousine / am / 2019 / 12. / ist / März

....

b. einen Sohn / meine Tante / bekommen / 23. / Juni / hat / am.

....

c. hat / April / mein Bruder / 13. / am / geheiratet.

....

d. 2018 / 15. / Februar / ist / mein Großvater / gestorben / am.

....

KREUZWORTRÄTSEL N° 3

Dans ces mots croisés, tu aborderas également les déclinaisons. Le genre et le cas sont indiqués par les abréviations suivantes : masc. = masculin ; fém. = féminin ; neut. = neutre ; nom. = nominatif, acc. = accusatif, dat. = datif et note également pron. pers. = pronom personnel.

HORIZONTALEMENT

B8 enfant ; D8 trente ; G4 juillet ; G9 grand-mère ; J1 un (masc. accus.) ; J7 (il/elle) cherche ; J17 le (masc. nom.) ; K17 il ; L9 qui ? (nom.) ; L14 fils ; M2 son (masc. nom.) ; N6 hamster ; N14 connaître ; P9 parents ; Q3 ma (fém. acc.) ; R12 rencontrer ; T1 avril ; U11 décembre.

VERTICALEMENT

1G oncle ; 1S mai ; 3L septembre ; 5E mille ; 7E (tu) rencontres ; 7M chat ; 9A quarante ; 9I sœur ; 11F fille (par opposition à fils) ; 13G souris ; 14N enfants ; 15E père ; 16L chien ; 17J le (masc. acc.) ; 18 F frère ; 18P cent ; 19L qui ? (acc.)

Bilan

☺ 😐 ☹

**Les déterminants possessifs :
1ʳᵉ et 2ᵉ personnes du singulier
et du pluriel au nominatif**

1. .... ☐☐☐
2. .... ☐☐☐

**Les articles définis, articles indéfinis
et déterminants possessifs (1ʳᵉ et
2ᵉ personnes du singulier et pluriel)
à l'accusatif**

3. .... ☐☐☐
4. .... ☐☐☐

Le pronom interrogatif *wen*, qui

5. .... ☐☐☐

**Les déterminants possessifs :
3ᵉ personnes du singulier et du
pluriel au nominatif et à l'accusatif**

6. .... ☐☐☐

**Le génitif saxon ou la tournure
« *von* + prénom »**

7. .... ☐☐☐
8. .... ☐☐☐

La préposition *für*, pour

9. .... ☐☐☐

**Les nombres cardinaux
pour indiquer les années**

10. .... ☐☐☐
11. .... ☐☐☐

**La tournure *am…*, le…
pour indiquer la date**

12. .... ☐☐☐

Le passé

13. .... ☐☐☐

Kreuzworträtsel 3

.... ☐☐☐

So bin ich!

Objectifs

- **Décrire le physique d'une personne**
  Pour cela, nous allons voir :
  - l'adjectif attribut (autour du physique)
  - l'interrogation globale et la négation **nicht**
  - l'emploi de **aber** ou **sondern**, *mais*
  - le présent de l'indicatif d'un verbe à particule séparable (**aus/sehen**, *avoir l'air*)

- **Parler de la tenue vestimentaire**
  Pour cela, nous allons voir :
  - le présent de l'indicatif d'un verbe irrégulier en **a** (dit fort) (**tragen**, *porter*) + **an/ziehen**, *mettre* et **an/probieren**, *essayer*
  - les noms des vêtements et des couleurs
  - la place de **nicht** dans la phrase

- **Décrire le visage**
  Pour cela, nous allons voir :
  - introduction à l'adjectif épithète
  - certaines parties du visage et accessoires
  - la négation **kein**

- **Décrire le caractère et les sentiments/émotions**
  Pour cela, nous allons voir :
  - plusieurs verbes/adjectifs autour du caractère, des sentiments/émotions
  - les pronoms personnels à l'accusatif

- **Parler des centres d'intérêt**
  Pour cela, nous allons voir :
  - le verbe **können**, *pouvoir/savoir* au présent de l'indicatif
  - les centres d'intérêt
  - le verbe **mögen**, *bien aimer* au présent de l'indicatif

- **POINT CULTURE**
  Le costume traditionnel bavarois

Module 4

L'adjectif attribut

En allemand, l'adjectif attribut est invariable. Exemples :
Er ist jung → *Il est jeune.*   **Sie sind** jung → *Ils sont jeunes.*
Sie ist jung → *Elle est jeune.*

Voici une liste d'adjectifs qualificatifs autour du physique.
alt, *vieux/vieille*   **dick**, *gros (se)*
klein, *petit (e)*   **stark**, *fort (e)*
groß, *grand (e)*   **schön**, *beau/belle*
schlank, *mince*   **sportlich**, *sportif (/-ve)*

I **Traduis les phrases suivantes.**

a. Mon grand-père est vieux.

....

b. Ta sœur est petite.

....

c. Notre père est grand et sportif.

....

d. Elle est grande et mince.

....

L'interrogation globale et la négation *nicht*

L'interrogation globale porte sur toute la phrase et le verbe est en première position. La réponse commence par **ja**, *oui*, **nein**, *non* ou **doch**, *si*.
Pour nier une phrase (réponse ou question) avec un adjectif qualificatif, on emploie la négation **nicht**, *ne... pas*. Elle se place devant l'adjectif qualificatif.
Exemples :

Ist Petra klein? → *Petra est petite ?*
– **Ja, sie ist klein** → *Oui, elle est petite.*
– **Nein, sie ist nicht klein** → *Non, elle n'est pas petite.*

Ist Petra nicht klein? → *Petra n'est pas petite ?*
– **Doch, sie ist klein** → *Si, elle est petite.*
– **Nein, sie ist nicht klein** → *Non, elle n'est pas petite.*

2 Indique les réponses aux questions suivantes en formulant des phrases entières comme dans la leçon. Les questions a. et b. se réfèrent au 1ᵉʳ dessin et c. et d. au 2ᵉ.

a. Ist er klein?

....

b. Ist er nicht sportlich?

....

c. Ist sie jung und hübsch?

....

d. Ist sie nicht schlank?

....

Emploi de *aber* ou *sondern*, mais

Les conjonctions de coordination **aber** et **sondern** signifient toutes les deux *mais*. Cependant, elles s'emploient dans un contexte différent :

• **aber** introduit une restriction ou une précision et s'emploie après une affirmation ou une négation. Exemples :
Sie ist alt, aber sie ist sportlich → *Elle est âgée, mais elle est sportive.*
Er ist nicht groß, aber sportlich → *Il n'est pas grand mais sportif.*

• **sondern** introduit une opposition et s'emploie toujours après une négation. Exemples :
Sie ist nicht klein, sondern groß → *Elle n'est pas petite mais grande.*
Sie ist nicht alt, sondern jung → *Elle n'est pas vieille mais jeune.*

3 Complète les phrases avec *sondern* ou *aber*.

a. Sie sind nicht jung, ... alt.

b. Er ist dick, ... er ist sportlich.

c. Ich bin nicht dick, ... schlank

d. Sie ist klein, ... stark.

e. Sie ist nicht jung, ... sie ist hübsch.

Le verbe *aussehen*, avoir l'air au présent de l'indicatif

	ich	du	er/sie/es	wir	ihr	sie/Sie
aussehen	sehe aus	siehst aus	sieht aus	sehen aus	seht aus	sehen aus

En allemand, il existe de nombreux verbes à particule (ou préverbe) séparable. Ce sont des verbes formés d'un verbe comme **sehen**, *voir* et d'une particule (ou préverbe) comme **aus** → **aussehen**, *avoir l'air*, etc. Ces particules sont souvent difficilement traduisibles en français. À l'infinitif, la particule est collée au verbe. Au présent de l'indicatif et à tout autre temps simple, elle se sépare du verbe et se place en fin de phrase. Exemple : **Er sieht jung aus** → *Il a l'air / Il fait jeune.* Parmi les nombreuses autres particules séparables, note **an**.

4 Traduis les phrases suivantes.

a. Il a l'air vieux.

....

b. Elle a l'air mince.

....

c. Ils ont l'air sportif.

....

Dirndlkleid und Lederhose

Das Dirndlkleid est la fameuse robe bavaroise portée par les femmes en Bavière, mais aussi en Autriche, à l'occasion de festivités – comme la fête de la Bière à Munich –, de mariages, etc. La robe descend sous le genou ou jusqu'à la moitié du mollet et se combine avec une petite blouse à dentelle blanche et un tablier. Les hommes, de leur côté, mettent une **Lederhose**, *une culotte de cuir* avec des chaussettes traditionnelles.

Les verbes *tragen*, porter, *anziehen*, mettre et *anprobieren*, essayer au présent de l'indicatif

	ich	du	er/sie/es	wir	ihr	sie/Sie
tragen	trage	trägst	trägt	tragen	tragt	tragen

- **Tragen**, *porter* fait partie des verbes en **a** irréguliers au présent de l'indicatif : le **a** devient **ä** aux 2e et 3e personnes du singulier.

- **An/ziehen**, *mettre* ou *enfiler un vêtement* et **an/probieren** *essayer un vêtement* sont des verbes à particule séparable. Dans les deux cas, **an** est la particule qui se sépare ; les verbes **ziehen** et **probieren** sont quant à eux réguliers. Exemples :
Was ziehst du an? → *Que mets-tu ?*
Ich probiere die Hose an → *J'essaie le pantalon.*

Les vêtements

die Kleider	les vêtements
das Kleid (er)	la robe
der Rock (¨e)	la jupe
die Hose (n)	le pantalon
der Mantel (¨)	le manteau
die Jacke (n)	la veste
der Pulli (s)	le pull
das Hemd (en)	la chemise
die Bluse (n)	le chemisier

der Strumpf / die Strümpfe	la chaussette
der Schuh / die Schuhe	la/les chaussure(s)
der Sportschuh / die Sportschuhe	la/les chaussure(s) de sport
die Badehose (n)	le maillot de bain (pour homme)

Note aussi quelques mots qui restent inchangés par rapport au français : **der Bikini (s)**, **das T-Shirt (s)**, **das Sweatshirt (s)** et **die Jeans**.

5 Indique ce que porte chaque personne en employant le vocabulaire suivant :
ein Hemd, eine Jacke, einen Rock, einen Pulli, eine Hose.

a. Paula trägt ein T-Shirt ....
....

b. Tobias trägt ....
....

6 Traduis les phrases suivantes.

a. Elle met une jupe.

....

b. J'essaie les chaussures.

....

c. Nous mettons un pull.

....

Les couleurs

die Farbe (n)	la couleur
Welche Farbe hat/haben…?	De quelle couleur est/sont… ?

braun		grau		orange		schwarz	
blau		grün		rosa		weiß	
gelb		lila		rot			

7 Indique le nom du vêtement et la couleur.

a. Welche Farbe hat die ....?

....

b. Welche Farbe hat das ....?

....

c. Welche Farbe hat der ....?

....

d. Welche Farbe hat der ....?

....

La place de la négation *nicht* dans la phrase

La négation **nicht** n'occupe pas toujours la même place. Dans le paragraphe précédent, nous avons vu que **nicht** se place devant l'adjectif attribut. Dans une phrase composée d'un complément d'objet, **nicht** se place derrière le complément d'objet si la négation porte sur toute la phrase. Exemple : **Paula probiert das Kleid** nicht **an** ➜ *Paula n'essaie pas la robe.*

8 **Réponds par la négative.**
Exemple : *Probiert sie das Kleid an? — Nein, sie probiert das Kleid nicht an.*

a. Ziehst du den blauen Pulli an?

Nein, ...

b. Probiert er die blauen Schuhe an?

Nein, ...

c. Ziehst du den Mantel an?

Nein, ...

Introduction à l'adjectif épithète

L'adjectif épithète se décline et il se place toujours devant le nom auquel il se rapporte. Exemples : **blond**, *blond* ➜ **Sie hat blondes Haar** ➜ *Elle a les cheveux blonds.* Pour l'instant, apprends les exemples par cœur. Dans la liste ci-dessous, tu trouveras d'autres exemples avec l'adjectif épithète.

Le visage et les accessoires

blaue/braune/grüne Augen haben*	*avoir les yeux bleus/marron/verts*
dunkles/kurzes/langes Haar (sing.) haben*	*avoir les cheveux foncés/courts/longs*
der Ohrring (e)	*la boucle d'oreille (s)*
die Kette (n)	*le collier*
das Piercing (s)	*le piercing*
die Brille (sing.)	*les lunettes*
der Hut (¨e)	*le chapeau*

* Note l'absence d'article en allemand.

9 Complète les traductions.

a. *Il a les cheveux longs et foncés.* Er hat ....

b. *Il porte des lunettes.* Er trägt eine ....

c. *Elle a les yeux verts.* Sie hat ....

d. *Elle a un collier et un piercing.* Sie hat eine .... und ein ....

La négation *kein*

	masculin	féminin	neutre	pluriel
nominatif	**kein** Hut	**keine** Kette	**kein** Piercing	**keine** Ohrringe
accusatif	**keinen** Hut	**keine** Kette	**kein** Piercing	**keine** Ohrringe

Kein, *pas de* est la négation de l'article indéfini **ein**. Au singulier, elle se décline comme l'article indéfini **ein** ; au pluriel, elle se décline comme indiqué dans le tableau :

• au masculin accusatif, **keinen**. Exemple : **Ich habe einen Hut** → *J'ai un chapeau* / **Ich habe keinen Hut** → *Je n'ai pas de chapeau* ;

• au pluriel accusatif, **keine**. Exemple : **Ich trage Ohrringe** → *Je porte des boucles d'oreilles* / **Ich trage keine Ohrringe** → *Je ne porte pas de boucles d'oreilles.*

10 Complète les réponses.

a. Hat Paula eine Kette? – Nein, sie ....

b. Trägt Paula Ohrringe? – Nein, sie ....

c. Trägt Paula ein Piercing? – Nein, sie ....

d. Trägt Paula eine Brille? – Nein, sie ....

Le caractère, les sentiments et les émotions

intelligent	*intelligent*
ruhig	*tranquille*
glücklich	*heureux*
fleißig	*assidu/courageux*
lustig	*drôle*
lieb/nett	*gentil/sympa*
lachen	*rire*
weinen	*pleurer*

schreien	*crier*
(nicht) viel	*(pas) beaucoup*
lieben	*aimer*
verliebt sein in	*être amoureux de*

11 **Voici d'autres adjectifs. Indique leur contraire en employant le vocabulaire de la boîte à mots ci-dessus.**

a. ernst, *sérieux* ➜ ....

b. nervös, *nerveux* ➜ ....

c. böse, *méchant* ➜ ....

/ ....

d. faul, *fainéant* ➜ ....

e. dumm, *bête* ➜ ....

f. traurig, *triste* ➜ ....

12 **Retrouve l'adjectif ou les adjectifs correspondant à la description suivante.**

a. Sabine lacht viel. Sie ist ....
/ .... (2 réponses)

b. Die Kinder arbeiten viel. Sie sind ....

c. Lena weint. Sie ist ....

Les pronoms personnels à l'accusatif

nominatif	ich	du	er	sie	es	wir	ihr	sie/Sie
accusatif	mich	dich	ihn	sie	es	uns	euch	sie/Sie

Ils correspondent en français aux pronoms personnels *me, te, le, la, nous, vous, les*. Attention ! En allemand, les pronoms personnels se placent toujours derrière le verbe conjugué. Exemple :

Liebst du Lukas? → *Aimes-tu Lucas ?* – **Ja, ich liebe ihn** → *Oui, je l'aime.*

La tournure **verliebt sein in**, *être amoureux de* régit un complément accusatif et signifie mot à mot « *être amoureux dans* ». Exemple :

Er ist in Maria verliebt → *Il est amoureux de Maria.*
Er ist in sie verliebt → *Il est amoureux d'elle.*

13 Traduis les phrases suivantes.

a. Tu m'aimes ? → ....

b. Oui, je t'aime. → ....

c. Je vous aime. (tutoiement à plusieurs personnes)

→ ....

d. Nous l'aimons. (masculin) → ....

14 Remplace les prénoms par un pronom personnel nominatif ou accusatif selon le cas.

a. Sie ist in **Lukas** verliebt. → ....

b. Er ist in **Anna und Elena** verliebt.

→ ....

c. **Lukas** ist in **Julia** verliebt. → ....

d. Bist du in **Paula** verliebt? → ....

Le verbe *können*, pouvoir/savoir au présent de l'indicatif

	ich	du	er/sie/es	wir	ihr	sie/Sie
können	**kann**	**kannst**	**kann**	**können**	**könnt**	**können**

Können est un verbe de modalité qui signifie *pouvoir* et aussi *savoir/avoir la capacité de faire quelque chose*. Comme la majorité des verbes de modalité, sa conjugaison est irrégulière aux trois personnes du singulier du présent. Comme tous les verbes de modalité, il régit un infinitif rejeté en fin de phrase. Exemples :

Kannst du morgen kommen? → *Peux-tu venir demain ?*
Er kann gut Tennis spielen → *Il sait bien jouer au tennis.*

N.B. Quelquefois, l'infinitif peut être sous-entendu (voir p. 79).

Les centres d'intérêt

der Handball	*le handball*	das Kino	*le cinéma*
der Fußball	*le foot*	das Theater	*le théâtre*
das Tennis	*le tennis*	die Rapmusik	*la musique rap*
das Klavier	*le piano*		
die Geige	*le violon*	das Videospiel (e)	*le jeu vidéo*
das Schlagzeug	*la batterie*	singen	*chanter*
Fußball/Klavier … spielen	*jouer au foot / du piano*	malen	*dessiner/ peindre*

15 Traduis les phrases suivantes.

a. Elle sait bien jouer du violon.

....

b. Anna sait jouer au foot.

....

c. Les enfants savent très bien peindre et chanter.

....

Le verbe *mögen*, bien aimer au présent de l'indicatif

mögen	ich	du	er/sie/es	wir	ihr	sie/Sie
	mag	magst	mag	mögen	mögt	mögen

Il s'agit d'un verbe particulier sur lequel nous reviendrons. Employé au présent de l'indicatif, il se conjugue comme ci-dessus et signifie *bien aimer*. Exemple : **Ich mag Sport** → *J'aime bien le sport.*

16 Complète les phrases avec le verbe *mögen*.

a. Was .... ihr?

b. Anna .... Videospiele.

c. Lena und Tobias .... Rapmusik und Kino.

d. Und was .... du?

KREUZWORTRÄTSEL N° 4

HORIZONTALEMENT

A9 méchant ; D2 jouer ; D10 grand ; F8 mince ; G14 rire ; I5 marron ; J12 jeune ; K1 drôle ; M12 collier ; N3 piercing ; P2 robe ; Q13 pleurer ; R3 le (pron. pers. masc. acc.)

VERTICALEMENT

3N pull ; 4C bikini ; 5I lunettes ; 6C piano ; 8I nous (pron. pers. acc.) ; 8M gentil ; 9E beau ; 11A sportif ; 12J veste ; 14F petit ; 14M porter ; 17E crier ; 17N pantalon ; 19F intelligent

Bilan

🙂 😐 ☹️

L'adjectif attribut
1. .... ☐ ☐ ☐

L'interrogation globale et la négation *nicht*
2. .... ☐ ☐ ☐

Emploi de *aber* ou *sondern*, mais
3. .... ☐ ☐ ☐

Le verbe *aussehen*, avoir l'air au présent de l'indicatif
4. .... ☐ ☐ ☐

Les verbes *tragen*, porter, *anziehen*, mettre et *anprobieren*, essayer au présent de l'indicatif
5. .... ☐ ☐ ☐
6. .... ☐ ☐ ☐

Les couleurs et les vêtements
7. .... ☐ ☐ ☐

La place de la négation *nicht* dans la phrase
8. .... ☐ ☐ ☐

Introduction à l'adjectif épithète
9. .... ☐ ☐ ☐

La négation *kein*
10. .... ☐ ☐ ☐

Le caractère, les sentiments et les émotions
11. .... ☐ ☐ ☐
12. .... ☐ ☐ ☐

Les pronoms personnels à l'accusatif
13. .... ☐ ☐ ☐
14. .... ☐ ☐ ☐

Le verbe *können*, pouvoir/savoir au présent de l'indicatif
15. .... ☐ ☐ ☐

Le verbe *mögen*, bien aimer au présent de l'indicatif
16. .... ☐ ☐ ☐

Kreuzworträtsel 4
.... ☐ ☐ ☐

Schmeckt's dir?

Objectifs

- **Dire ce qu'on mange et boit**
  Pour cela, nous allons voir :
  - l'absence d'article et le verbe **essen**, *manger* au présent de l'indicatif
  - les noms des aliments et des boissons
  - la négation d'un nom/groupe nominal sans article

- **Exprimer son goût et sa préférence**
  Pour cela, nous allons voir :
  - l'emploi de **gern**, **lieber** et **am liebsten**
  - le verbe **schmecken**, *être bon* et les pronoms personnels au datif (1re et 2e pers. sing./plur.)

- **Commander à manger dans un restaurant et dans un fast-food**
  Pour cela, nous allons voir :
  - le verbe **mögen**, *aimer/souhaiter* au subjonctif II (= conditionnel) → **ich möchte...**
  - quelques tournures pour commander à manger
  - le verbe **nehmen**, *prendre* au présent de l'indicatif
  - la nourriture des fast-foods
  - quelques tournures pour demander un verre, un couteau etc.

- **Parler des courses et des différents magasins d'alimentation**
  Pour cela, nous allons voir :
  - le locatif
  - les noms des magasins et des mesures
  - l'adverbe **noch**, *encore* et la négation **kein- ... mehr**, *ne... plus.*

- **POINT CULTURE**
  Les habitudes alimentaires dans les pays germaniques

Module 5

Une particularité allemande

Même si les habitudes alimentaires changent, **das Frühstück**, *le petit déjeuner* (littéralement « *tôt-morceau* ») reste dans les pays germaniques un repas plutôt copieux composé d'un jus de fruits, de fromage, de charcuterie, de différents pains et d'un œuf. **Das Mittagessen**, *le déjeuner* est le repas principal (chaud), tandis que **das Abendessen** *le dîner* est généralement un repas froid constitué de pain, de charcuterie et de fromage pris entre 18 h et 19 h 30, d'où son autre appellation, **das Abendbrot** (littéralement « *soir-pain* »).

L'absence d'article et le verbe *essen*, manger au présent de l'indicatif

En allemand, l'article partitif *du, de la* ainsi que *des* (pluriel de l'article indéfini) n'existent pas. On ne met donc pas d'article devant les noms indénombrables et les quantités non précisées. Exemples :

Ich esse ein Brötchen mit Ø Honig → *Je mange un petit pain avec du miel.*
Ich esse Ø Äpfel → *Je mange des pommes.*

Essen appartient au groupe de verbes irréguliers dont le **-e** devient **-i** aux 2e et 3e personnes du singulier et par ailleurs, il prend juste un **-t** à la 2e personne du singulier vu que son radical se termine en **-ss**.

	ich	du	er/sie/es	wir	ihr	sie/Sie
ess**en**	ess**e**	**i**ss**t**	**i**ss**t**	ess**en**	ess**t**	ess**en**

Aliments et boissons

Guten Appetit!	*Bon appétit !*
trinken	*boire*
das Wasser	*l'eau*
der Saft (¨e)	*le jus*
der Orangensaft (¨e)	*le jus d'orange*
der Kaffee	*le café*
der Tee	*le thé*
der Kakao	*le cacao*

die Milch	*le lait*
der Zucker	*le sucre*
das Brot (e)	*le pain*
das Brötchen (-)	*le petit pain*
das Ei (er)	*l'œuf*

die Wurst	*la charcuterie*	das Gemüse	*les légumes*
die Butter	*le beurre*	die Kartoffel (n)	*les pommes de terre*
der Käse	*le fromage*		
die Marmelade (n)	*la confiture*	die Karotte (n)	*la carotte*
der Honig	*le miel*	der Reis	*le riz*
das Fleisch	*la viande*	das Obst	*les fruits*
das Hähnchen (-)	*le poulet*	der Apfel (¨)	*la pomme*
der Fisch	*le poisson*	die Banane (n)	*la banane*
		die Orange (n)	*l'orange*
		der Kuchen (-)	*le gâteau*
		das Eis	*la glace*
		mit oder ohne	*avec ou sans*

1 **Complète les phrases suivantes selon les pictogrammes.**

a. Ich trinke  .... und ich esse

.... mit ....

b. Er isst  .... und  ....

c. Wir essen .... mit ....

und trinken  ....

La négation d'un nom/groupe nominal sans article

Pour nier un groupe nominal sans article, on emploie la négation **kein**.
Elle suit les mêmes règles de déclinaison indiquées p. 66.

Ich trinke Kaffee devient **Ich trinke keinen Kaffee** → *Je ne bois pas de café.*
On emploie l'accusatif masculin car **der Kaffe** est masculin et COD dans la phrase.

Ich esse Äpfel devient **Ich esse keine Äpfel** → *Je ne mange pas de pommes.*
On emploie l'accusatif pluriel car **Äpfel** est un pluriel et COD dans la phrase.

Note aussi les tournures **Hunger haben**, *avoir faim* et **Durst haben**, *avoir soif.*
Der Hunger et **der Durst** font partie des indénombrables.
Ich habe Hunger devient **Ich habe keinen Hunger** → *Je n'ai pas faim.*
Ich habe Durst devient **Ich habe keinen Durst** → *Je n'ai pas soif.*

2 Complète les phrases selon les dessins. Exemple : Ich trinke keine Milch.

a. Sabine isst ....

b. Paula trinkt ....

c. Wir essen ....

d. Er isst .... und ....

3 Complète les réponses.

a. Hast du Hunger? – Ja, ...

b. Habt ihr Durst? – Nein, ...

c. Haben Sie Durst? (vouvoiement envers 1 pers.) – Ja, ...

....

d. Hat er keinen Durst? – Doch, ...

....

L'emploi de *gern, lieber* et *am liebsten*

L'adverbe **gern** s'emploie pour demander ou dire ce que l'on aime. Il se place derrière le sujet dans une phrase interrogative et derrière le verbe conjugué dans une phrase déclarative. On emploie le comparatif **lieber** pour dire ce que l'on préfère par rapport à une autre personne/chose et le superlatif **am liebsten** pour la préférence absolue. La syntaxe est la même que pour **gern** ; dans une phrase déclarative, **am liebsten** peut aussi être en tête de phrase.

Was isst du gern? ➜ *Qu'aimes-tu manger ?* – **Ich esse gern Fisch** ➜ *J'aime bien manger du poisson.*

Was isst du lieber? ➜ *Que préfères-tu manger ?* **Ich esse lieber Fisch (als Fleisch).** ➜ *Je préfère manger du poisson (que de la viande).* L'élément comparé est précédé de **als**, *que.*

Was isst du am liebsten? ➜ *Que préfères-tu manger (le plus) ?* **Ich esse am liebsten Fisch / Am liebsten esse ich Fisch** ➜ *Ce que je préfère manger, c'est le poisson* (sous-entendu : par rapport à deux autres aliments ou plus).

4 Complète les phrases avec *gern, lieber, am liebsten*.

    a. Ich trinke .... Tee als Kaffee.

    b. Was trinken sie ....? Tee, Milch, Kaffee?

    c. Die Franzosen essen .... Käse.

    d. Was isst du ....? Käse oder Wurst?

5 Complète chaque phrase selon son dessin.

 **a.** Anna isst gern ....

b. Paula isst lieber ....

 **c.** Am liebsten esse ich ....

   mit ....

Le verbe *schmecken*, « *être bon* » et les pronoms personnels au datif (1re et 2e personnes singulier/pluriel)

Employé dans le sens de « être bon », il se conjugue seulement aux 3e personnes du singulier et du pluriel. Exemples :

Es schmeckt gut → *C'est bon.* (Littéralement « *Ça goûte bon* »)

Der Kuchen schmeckt gut → *Le gâteau est bon.* (Littéralement « *Le gâteau goûte bon* ».)

Die Brötchen schmecken gut → *Les petits pains sont bons.* (Littéralement « *Les petits pains goûtent bon* ».)

Il peut également se construire avec un complément au datif. Exemples :

Schmeckt es dir? → *Tu aimes bien ? / C'est bon ?* (Littéralement « *Ça goûte bon à toi ?* ».)

Ja, es schmeckt mir → *Oui, j'aime bien / Oui, c'est bon.* (Littéralement « *Oui, ça goûte bon à moi* ».)

Nein, es schmeckt mir nicht → *Non, je n'aime pas / Non, ce n'est pas bon.* (Littéralement « *Non, ça ne goûte pas bon à moi* ».)

Pour l'instant, mémorise juste les pronoms personnels à la 1re et à la 2e personne du singulier et du pluriel. Nous reviendrons plus tard sur la règle du datif.

ich	du	wir	ihr
mir	**dir**	**uns**	**euch**

6 Traduis les phrases suivantes en employant *schmecken*.

a. Vous aimez bien ? (tutoiement)

....

b. Oui, nous aimons bien.

....

c. Non, nous n'aimons pas.

....

d. Le poulet est bon.

....

e. Les oranges ne sont pas bonnes.

....

Le verbe *mögen*, aimer/souhaiter au subjonctif II

	ich	du	er/sie/es	wir	ihr	sie/Sie
mögen	möchte	möchtest	möchte	möchten	möchtet	möchten

Le subjonctif II correspond au conditionnel en français et **ich möchte...** se traduit par *j'aimerais* ou *je souhaite/souhaiterais*.

Was möchten Sie trinken? ➡ *Que souhaitez-vous boire ?*
Ich möchte einen Kaffee (trinken) ➡ *J'aimerais (boire) un café.*

L'infinitif **trinken** peut être sous-entendu dans la réponse.

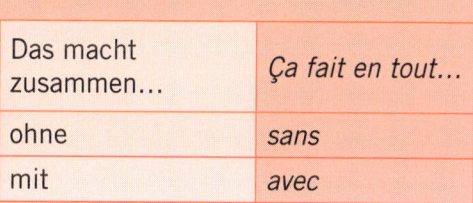

Passer commande dans un restaurant

die Vorspeise (n)	*l'entrée*
die Hauptspeise (n)	*le plat principal*
die Nachspeise (n)	*le dessert*
als Vorpeise, Hauptspeise...	*en entrée, plat principal...*
bestellen	*commander*
bitte	*s'il te/vous plaît*
lecker	*bon*

Das macht zusammen...	*Ça fait en tout...*
ohne	*sans*
mit	*avec*

7 **Complète les phrases avec *mögen* au subjonctif II présent.**

a. Was .... du essen?

b. Was .... ihr als Hauptspeise?

c. .... Sie einen Nachtisch?

d. Als Nachtisch .... ich ein Eis.

e. Er .... keine Vorspeise.

f. .... Sie bestellen?

Le verbe *nehmen*, prendre au présent de l'indicatif

	ich	du	er/sie/es	wir	ihr	sie/Sie
nehmen	nehme	nimmst	nimmt	nehmen	nehmt	nehmen

Le verbe **nehmen** est irrégulier au présent de l'indicatif : le **-e** du radical devient **-i** aux 2e et 3e personnes du singulier ; de plus, il prend deux **m** et perd son **h**.

8 Complète les phrases suivantes avec le verbe *nehmen*.

a. Als Hauptspeise .... ich Hähnchen mit Gemüse.

b. Was .... du als Vorspeise?

c. Als Hauptspeise .... wir das Hähnchencurry.

Dans un fast-food

Les Allemands et les Français emploient généralement les mêmes termes pour le fast-food : **der Hamburger, der Hot Dog, die Pizza, der Ketchup** et **die Pommes** pour *les pommes frites*. En plus des grandes chaînes de fast-food, il existe de nombreux petits stands vendant toutes sortes de saucisses ou autres spécialités à manger sur le pouce, comme **die Bratwurst**, *la saucisse grillée*, **die Frankfurter Wurst** (au pluriel, **die Frankfurter Würstchen**), *la saucisse de Francfort* ou bien **der Döner**, *le kebab*.

9 Complète le dialogue avec les mots suivants : *Bratwurst, ohne, bitte, Hamburger, zusammen, Ketchup, lecker.*

a. Hi! Ich möchte einen .... bitte.

b. Mit oder .... Pommes?

c. Mit ....

d. Und ich möchte eine .... mit
.... bitte!

e. Mmh! Der Hamburger ist sehr ....

f. Danke. Das macht .... 6 Euro.

Pour demander un verre, une fourchette ou indiquer que quelque chose ne va pas

der Teller (-)	*l'assiette*	Entschuldigung, ich habe kein Glas	*Excusez-moi, je n'ai pas de verre.*
das Glas ("er)	*le verre*		
die Gabel (n)	*la fourchette*	kaputt	*cassé*
das Messer (-)	*le couteau*	(nicht) sauber	*(pas) propre*
der Löffel (-)	*la cuiller*	Entschuldigung, das Glas ist kaputt.	*Excusez-moi, le verre est cassé.*
die Tasse (n)	*la tasse*		

10 Indique en allemand ce que représentent les dessins.

a.    2 ....

c.   3 ....

b.    4 ....

d. | 1 ....

11 Traduis les phrases suivantes.

a. Excusez-moi, la tasse est cassée.

....

b. Le verre n'est pas propre.

....

c. Excusez-moi, je n'ai pas de couteau.

....

d. Les assiettes ne sont pas propres.

....

Le locatif

Pour indiquer le lieu où l'on se trouve, on emploie souvent la préposition **in** + article au datif ou bien **im** qui est la contraction de **in** avec l'article datif **dem**. Littéralement, la préposition **in** signifie *dans*, mais elle se traduit souvent par *à*. Observe bien les exemples qui suivent. Quant aux articles au datif, nous y reviendrons par la suite.

Ich bin im Supermarkt / in der Bäckerei / in der Fleischerei ou **in der Metzgerei**
→ *Je suis au supermarché / à la boulangerie / à la boucherie.*

Attention ! Avec **der Markt**, *le marché* on emploie la préposition **auf**, *sur* : **Ich bin auf dem Markt** → *Je suis au marché.*

Les magasins d'alimentation et les mesures

der Supermarkt (¨e)	*le supermarché*
die Bäckerei (en)	*la boulangerie*
die Fleischerei (en) / die Metzgerei (en) (selon les régions)	*la boucherie*
der Markt (¨e)	*le marché*
kaufen	*acheter*
500 Gramm (Orangen)	*500 grammes (d'oranges)*
1 Kilo (Orangen)	*1 kilo (d'oranges)*
1 Liter (Wasser)	*1 litre (d'eau)*

12 Traduis les phrases suivantes. Souviens-toi que l'article partitif ne se traduit pas.

a. Je suis à la boulangerie. J'achète du pain.

....

b. Nous sommes au marché. Nous achetons des légumes et des fruits.

....

c. Michaël est à la boucherie. Il achète de la viande.

....

d. Les enfants sont au supermarché. Ils achètent une glace.

....

L'adverbe *noch*, encore et la négation *kein- … mehr*, ne… plus

L'adverbe **noch**, *encore* se place juste devant le complément d'objet ; la négation **kein-** se place devant le complément d'objet, tandis que **mehr**, *plus* se place derrière. N'oublie pas que **kein-** se décline :

Haben wir noch Butter? → *Avons-nous encore du beurre ?*
Ja, wir haben noch Butter → *Oui, nous avons encore du beurre.*
Nein, wir haben keine Butter mehr → *Non, nous n'avons plus de beurre.*

13 Indique ou complète la question ou la réponse qui convient.

a. Hast du noch Milch?

– Ja, ...

b. Habt ihr noch Brot?

– Nein, ...

c. Haben wir noch Wasser?

– Nein, ...

d. ....

– Nein, ich habe keinen Kaffee mehr.

e. ....

– Nein, ich habe keinen Käse mehr.

f. Haben wir ....
– Nein, wir haben kein Obst mehr.

14 Traduis cette liste de courses en allemand.

1 kilo de pommes - 2 litres de lait - 4 oranges - 1 kilo de pommes de terre
1 poulet - 6 œufs - beurre - sucre - cacao - confiture - miel

....

....

....

KREUZWORTRÄTSEL N° 5

HORIZONTALEMENT

A12 jus ; C8 plat principal ; E4 cassé ; G3 oeufs ; G9 viande ; I14 riz ; K6 poulet ; M3 (j') achète ; M11 manger ; O8 charcuterie ; P1 (je) prends ; P14 pain ; R3 (il) prend ; R9 assiette

VERTICALEMENT

1M (il) boit ; 3M gâteau ; 5D fourchette ; 7J fromage ; 9B pommes de terre ; 9N soif ; 11M (vous) mangez ; 12K glace ; 13E fruits ; 15A thé ; 15F sans ; 15K faim ; 17E légumes ; 17M beurre

Bilan

😊 😐 ☹️

L'absence d'article et le verbe *essen*, manger au présent de l'indicatif

1. .... ☐ ☐ ☐

La négation d'un nom/groupe nominal sans article

2. .... ☐ ☐ ☐
3. .... ☐ ☐ ☐

L'emploi de *gern*, *lieber* et *am liebsten*

4. .... ☐ ☐ ☐
5. .... ☐ ☐ ☐

Le verbe *schmecken*, « être bon » et les pronoms personnels au datif (1ʳᵉ et 2ᵉ personnes singulier/ pluriel)

6. .... ☐ ☐ ☐

Le verbe *mögen*, aimer/souhaiter au subjonctif II

7. .... ☐ ☐ ☐

Le verbe *nehmen*, prendre au présent de l'indicatif

8. .... ☐ ☐ ☐

Dans un fast-food

9. .... ☐ ☐ ☐

Pour demander un verre, une fourchette ou indiquer que quelque chose ne va pas

10. .... ☐ ☐ ☐
11. .... ☐ ☐ ☐

Le locatif

12. .... ☐ ☐ ☐

L'adverbe *noch*, encore et la négation *kein-* ... *mehr*, ne... plus

13. .... ☐ ☐ ☐

Liste des courses

14. .... ☐ ☐ ☐

Kreuzworträtsel 5

.... ☐ ☐ ☐

Bist du fit?

Objectifs

- **Parler de sa santé**
  Pour cela, nous allons voir :
  - les mots autour de la santé
  - les articles définis/indéfinis et les déterminants possessifs au datif
  - les prépositions **mit**, *avec*, **bei** et **zu**, *chez*
  - le pronom interrogatif **wem**, *à qui*

- **Parler de son corps et de ses douleurs**
  Pour cela, nous allons voir :
  - les différentes parties du corps
  - les noms composés sur **Schmerzen**, *douleurs*
  - les pronoms personnels au datif + les tournures datives

- **Parler de l'hygiène du corps**
  Pour cela, nous allons voir :
  - les pronoms réfléchis
  - le verbe **sollen**, *devoir* au présent de l'indicatif
  - du vocabulaire autour de l'hygiène

- **POINT CULTURE**
  Les expressions *Santé !* et *À tes souhaits !* en allemand

À tes souhaits ! et Santé !

Die Gesundheit signifie *la santé* et, quand quelqu'un éternue, on lui dit **Gesundheit!** qui équivaut en français à *À tes souhaits !* À ne pas confondre avec les expressions **Zum Wohl!** et **Prost!** que l'on emploie pour trinquer et qui se traduisent en français par *Santé !*

La santé et certains symptômes

krank	*malade*
gesund	*en bonne santé*
wieder gesund	*être guéri*
erkältet	*enrhumé*
müde	*fatigué*
verletzt	*blessé*
Fieber haben	*avoir de la fièvre*
im Bett liegen	*être (couché) au lit*
im Krankenhaus liegen	*être (couché) à l'hôpital*
der Arzt (¨e) / die Ärztin (nen)	*le/la médecin*
der Zahnarzt (¨e) / die Zahnärztin (nen)	*le/la dentiste*
die Krankenschwester (n)	*l'infirmière*
der Kranke (n)	*le malade*
das Medikament (e)	*le médicament*
das Problem (e)	*le problème*

1 Complète les phrases avec les termes *verletzt, Arzt, Fieber, müde, Krankenhaus, gesund, die Krankenschwestern, liege*.

a. Meine Freundin ist ………………………………… und liegt

im …………………………………

b. Die ………………………………………………… sind sehr nett.

c. Ich ………………………………… im Bett. Ich bin …………………………………

und erkältet.

d. Meine Schwester ist krank. Sie hat …………………………………

e. Der ………………………………… kommt um 10 Uhr.

f. Hallo! Ich bin wieder …………………………………!

Le datif

Qu'est-ce que le datif ? Il s'agit du 3e cas de la déclinaison allemande qui correspond au complément d'objet indirect introduit par des verbes comme **geben**, *donner à*, **erklären**, *expliquer à*, **schreiben**, *écrire à*, etc. Il répond à la question **wem?** *à qui ?* Là aussi, tu pourras assez souvent te référer au français car les verbes régissant un complément d'objet indirect en français correspondent généralement à des verbes allemands construits avec un datif. Il existe aussi plusieurs prépositions + datif. Nous en verrons quelques-unes. Observe et apprends bien les tableaux du datif. Il y a de nombreux changements par rapport au nominatif et à l'accusatif.

Articles définis, articles indéfinis et déterminants possessifs au datif

masculin	féminin	neutre	pluriel
dem Arzt	der Ärztin	dem Kind	den Kranken
einem Arzt	einer Ärztin	einem Kind	Kranken
meinem Arzt	meiner Ärztin	meinem Kind	meinen Kranken

Ich schreibe dem Arzt → *J'écris au médecin.*
Ich erkläre dem Arzt mein Problem → *J'explique mon problème au médecin.*

Attention ! En général, le groupe nominal datif précède le groupe nominal accusatif. Attention! En allemand, le verbe **helfen**, *aider* régit un datif tandis qu'en français il se construit avec un COD. **Der Arzt hilft dem Mann** → *Le médecin aide le monsieur.*

2 Complète les articles/déterminants avec la terminaison du datif.

    a. Ich erkläre d................. Krankenschwester mein Problem.

    b. Der Arzt gibt d................. Kind ein Medikament.

    c. Die Krankenschwester hilft ein................. Frau.

    d. Er schreibt sein................. Ärztin.

    e. Die Mutter gibt ihr................. Kind ein Medikament.

    f. Die Krankenschwester hilft d................. Arzt.

Les prépositions *mit*, avec, *bei* et *zu*, chez

Le datif est également régi par certaines prépositions comme **mit**, *avec*, **zu** et **bei**, *chez*. Attention ! **Zu** et **bei** se traduisent toutes deux par *chez*, mais :

- **zu** indique un directionnel / la personne chez qui l'on va et s'emploie avec des verbes comme **gehen**, *aller*, **fahren**, *conduire/rouler*. Exemple : **Ich gehe zur Krankenschwester** ➡ *Je vais chez l'infirmière* ;

- **bei** indique un locatif / la personne chez qui l'on est et s'emploie avec des verbes comme **sein**, *être*, **bleiben**, *rester*, **warten**, *attendre*. Exemple : **Ich bin beim Arzt** ➡ *Je suis chez le médecin.*

Dans certains cas, la préposition est contractée avec l'article : **zu + der** ➡ **zur** ; **zu + dem** ➡ **zum** ; **bei + dem** ➡ **beim**.

3 Complète les articles ou leur forme contractée au datif.

    a. Ich spreche mit d......... Ärztin.

    b. Mein Bruder geht zu......... Zahnarzt.

    c. Meine Mutter ist mit mein............ Schwester bei............ Arzt.

    d. Der Kranke spricht mit ein............ Krankenschwester.

    e. Der Arzt geht zu......... Krankenschwester.

4 *Zu* ou *bei* ? À toi de jouer !

    a. Ich fahre meine Schwester .... Arzt.

    b. Die Krankenschwester bleibt .... meiner Schwester.

    c. Der Arzt kommt .... meiner Schwester.

    d. Ich warte mit meiner Schwester .... Arzt.

Le pronom interrogatif *wem*, à qui

Wem, *à qui* correspond au pronom interrogatif datif.
Wem erklärst du dein Problem? → *À qui expliques-tu ton problème ?*

Souviens-toi que :
- **wer** exprime le nominatif : **Wer ist das?** → *Qui est-ce ?*
- **wen** exprime l'accusatif : **Wen siehst du?** → *Qui vois-tu ?*

---

5 Complète la question par *wer*, *wen* ou *wem*. Observe bien chaque réponse.

    a. .... kommt heute? – Der Arzt.

    b. .... schreibst du? – Dem Arzt.

    c. ....ist verletzt? – Mein Vater.

    d. ....kennt ihr? – Den Arzt.

    e. .... gibst du ein Medikament? – Meinem Vater.

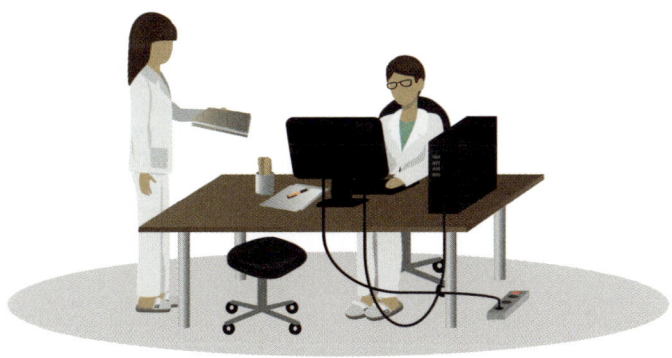

der Körper, le corps

.... der Kopf, _la tête_

das Ohr (en), _l'oreille_ ....

der Zahn ("e), _la dent_ ....

der Hals, _le cou / la gorge_ ....

der Arm (e), _le bras_ ....

.... der Rücken, _le dos_

.... der Bauch, _le ventre_

die Hand ("e), _la main_ ....

der Finger (-), _le doigt_ ....

.... das Bein (e), _la jambe_

das Knie (-), _le genou_ ....

.... der Fuß ("e), _le pied_

Les noms composés sur _Schmerzen_, douleurs

Voici l'occasion de pratiquer les noms composés avec les différentes parties du corps.

Der Schmerz (en) signifie _la douleur_ et **Ich habe Schmerzen** ➡ _J'ai des douleurs / J'ai mal._ Pour dire où on a mal, on peut former un nom composé de la partie du corps (**Fuß**, _pied_ / **Ohren**, _oreilles_, etc.) + **schmerzen**. Exemple :
Ich habe Fußschmerzen/Ohrenschmerzen ➡ _J'ai mal au pied/ aux oreilles._

6 **Traduis les phrases suivantes avec des noms composés sur *Schmerzen*.**

a. J'ai mal à la gorge.

....

b. Elle a mal au ventre.

....

c. Ils ont mal au dos.

....

d. As-tu mal au genou ?

....

Les pronoms personnels au datif + les tournures datives

Voici tout d'abord le tableau complet des pronoms personnels au datif. Mémorise-les bien avant de poursuivre avec la leçon et les exercices.

ich	du	er	sie	es	wir	ihr	sie/Sie
mir	**dir**	**ihm**	**ihr**	**ihm**	**uns**	**euch**	**ihnen/Ihnen**

Pour exprimer ton état, tu emploieras souvent des tournures datives comme **weh tun**, *faire mal*. Dans la réponse, le complément datif est généralement en tête de phrase.

Was tut dir weh? → *Qu'est-ce qui te fait mal ?* **Mir tut der Kof weh** → *J'ai mal à la tête.* (littéralement « *À moi fait la tête mal* »)
Mir tun die Ohren weh → *J'ai mal aux oreilles.* (littéralement « *À moi font les oreilles mal* »)

Note : **tut** = *fait* (3e personne du singulier) et **tun** = *font* (3e personne du pluriel) au présent de l'indicatif.

Voici quelques autres formules au datif pour exprimer comment tu te sens. Observe-les et retiens-les.
Mir ist schlecht → *Je me sens mal.*   **Mir ist warm/heiß** → *J'ai chaud / très chaud.*
Mir ist übel → *J'ai des nausées.*   **Mir ist schwindelig** → *J'ai des vertiges.*
Mir ist kalt → *J'ai froid.*

7 Traduis les phrases suivantes en employant la tournure *weh tun*.

a. Qu'est-ce qui lui fait mal ? (lui = masculin)

....

b. Qu'est-ce qui vous fait mal ? (vous de vouvoiement)

....

c. J'ai mal à la gorge.

....

d. Elle a mal au ventre.

....

e. Ils ont mal au dos.

....

f. Nous avons mal aux jambes.

....

8 Complète les phrases suivantes.

a. Elle se sent mal.

Ihr ist ....

b. Nous avons froid.

Uns ist ....

c. Il a des vertiges.

Ihm ist ....

d. Elles ont des nausées.

Ihnen ist ....

e. Ils ont très chaud.

Ihnen ist ....

Les pronoms réfléchis

Ils restent très proches des pronoms personnels et il faut là aussi faire la distinction entre l'accusatif et le datif. Un verbe se conjugue avec les pronoms réfléchis :

- à l'accusatif lorsque la phrase ne comporte pas de complément d'objet direct. Exemple : sich **waschen**, *se laver* ;

- au datif lorsque la phrase comporte déjà un complément d'objet direct. Exemple : sich **die Haare waschen**, *se laver les cheveux* (**die Haare** est complément d'objet direct).

Pour récapituler et mieux mémoriser ces constructions, observe ce tableau :

accusatif	datif
ich wasche mich	**ich wasche** mir **die Haare**
du wäschst dich	**du wäschst** dir **die Haare**
er/sie/es wäscht sich	**er/sie/es wäscht** sich **die Haare**
wir waschen uns	**wir waschen** uns **die Haare**
ihr wascht euch	**ihr wascht** euch **die Haare**
sie/Sie waschen sich	**sie/Sie waschen** sich **die Haare**

Note :

- Quelques verbes peuvent se conjuguer avec ou sans pronom réfléchi, comme (**sich**) **baden** et (**sich**) **duschen**. Exemple : **Ich bade/dusche (mich)** ➔ *Je prends un bain / Je me douche.*

- Dans une phrase déclarative, le pronom réfléchi se place derrière le verbe conjugué, tandis que dans une phrase interrogative, il se place derrière le sujet. **Wäscht er** sich **(die Haare)?** ➔ *Il se lave (les cheveux) ?*

Prendre soin de son corps

sich waschen (er wäscht)	*se laver*
sich die Haare waschen	*se laver les cheveux*
sich an/ziehen	*s'habiller*
sich die Zähne putzen	*se brosser les dents*
(sich) baden	*prendre un bain*
(sich) duschen	*se doucher*
sich schminken	*se maquiller*
sich kämmen	*se brosser / se peigner*

9 **Ajoute le pronom réfléchi et mets-le entre parenthèses pour le(s) verbe(s) où il est facultatif.**

a. Wir putzen .... die Zähne.

b. Sie duschen ....

c. Schminkst du ....?

d. Sie kämmt ....

10 **Complète les phrases avec les parties du corps correspondant aux dessins.**

a. Sie wäscht sich ....

Sie putzt sich .... .b

c. Sie wäscht sich ....

Le verbe *sollen*, devoir au présent de l'indicatif

	ich	du	er/sie/es	wir	ihr	sie/Sie
sollen	soll	sollst	soll	sollen	sollt	sollen

Sollen est un verbe de modalité qui s'emploie pour exprimer un conseil / un ordre atténué. Exemple : **Er sagt, ich soll zum Arzt gehen** ➡ *Il dit que je dois aller chez le médecin.*

Quelques termes pour donner des conseils

weniger	*moins*	besser	*mieux*
mehr	*plus*	rauchen	*fumer*

Complète les phrases avec le verbe *sollen*.

Der Arzt sagt, …

a. …, die Kinder .... mehr Milch trinken.

b. …, meine Schwester .... sich besser die Zähne putzen

c. …, mein Vater .... weniger rauchen.

d. …, ihr .... mehr Obst und Gemüse essen.

e. …, du .... weniger Kaffee trinken.

KREUZWORTRÄTSEL N° 6

HORIZONTALEMENT

A10 tête ; B4 la (fém. dat.) ; B15 (je) donne ; C10 bras ; C14 le (masc. dat.) ; E6 hôpital ; G2 oreilles ; H10 (il) aide ; I3 ventre ; J15 médecin ; L5 blessé ; N8 vous de tutoiement (pron. pers. dat.) ; P1 douleurs

VERTICALEMENT

3N (faire) mal ; 4B à toi (pron. pers. dat.) ; 6A infirmière ; 8D chaud ; 9I genou ; 10A malade ; 11G à moi (pron. pers. dat.) 11L dents ; 13E aider ; 15B en bonne santé ; 16A à qui (dat.) ; 16 H à elle (pron. pers. fém. dat.) ; 18A médicaments

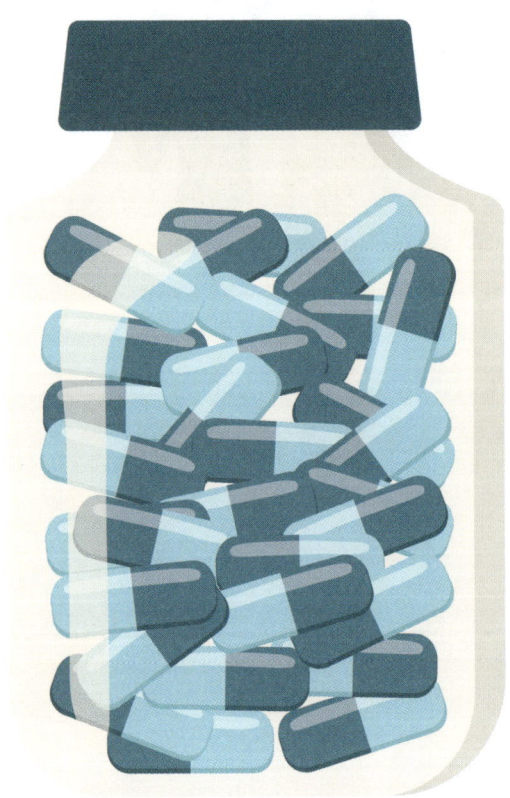

	1	2	3	4	5	6	7	8	9	10	11	12	13	14	15	16	17	18
A																		
B																		
C																		
D																		
E																		
F																		
G																		
H																		
I																		
J																		
K																		
L																		
M																		
N																		
O																		
P																		

Bilan

☺ 😐 ☹

La santé et certains symptômes

1. .... ☐ ☐ ☐

Articles définis, articles indéfinis et déterminants possessifs au datif

2. .... ☐ ☐ ☐

Les prépositions *mit*, avec, *bei* et *zu*, chez

3. .... ☐ ☐ ☐
4. .... ☐ ☐ ☐

Le pronom interrogatif *wem*, à qui

5. .... ☐ ☐ ☐

Les noms composés sur *Schmerzen*, douleurs

6. .... ☐ ☐ ☐

Les pronoms personnels au datif + les tournures datives

7. .... ☐ ☐ ☐
8. .... ☐ ☐ ☐

Les pronoms réfléchis

9. .... ☐ ☐ ☐
10. .... ☐ ☐ ☐

Le verbe *sollen*, devoir au présent de l'indicatif

11. .... ☐ ☐ ☐

Kreuzworträtsel 6

.... ☐ ☐ ☐

Hier wohne ich!

Objectifs

- **Employer les constructions avec *Hause***
  Pour cela, nous allons voir :
  - les tournures **nach/zu/von zu Hause**, *(de) chez soi*

- **Décrire les différentes occupations des gens à la maison**
  Pour cela, nous allons voir :
  - les noms des différentes pièces et de leur fonction
  - la préposition **in**, *dans*
  - le pronom indéfini **man**, *on*

- **Parler de l'ameublement des pièces**
  Pour cela, nous allons voir :
  - les noms des meubles et des éléments d'une pièce
  - les prépositions **an**, *à*, **auf**, *sur*, **neben**, *à côté de*, **über**, *au-dessus de* + les verbes de position
  - les pronoms interrogatifs **wo** et **wohin**, *où*

- **Indiquer les tâches domestiques à accomplir**
  Pour cela, nous allons voir :
  - les tâches domestiques
  - l'impératif à la 2e personne du singulier et du pluriel
  - le verbe **müssen**, *devoir* au présent de l'indicatif

- **POINT CULTURE**
  Die Lüftlmalerei, une particularité des maisons en Haute-Bavière et dans le Tyrol

Die Lüftlmalerei

Si tu as l'occasion d'aller en Haute-Bavière ou dans le Tyrol, tu remarqueras que de nombreuses façades sont peintes selon la technique des fresques. Cette expression artistique, qui est une variante populaire du trompe-l'œil, s'appelle en allemand **die Lüftlmalerei** (écrit plus rarement **die Lüftelmalerei**). **Die Malerei** signifie *la peinture* et le mot **Lüftl** viendrait d'une maison en Bavière nommée **zum Lüftl** et qui était la maison natale de Franz Seraph Zwinck (1748-1792), peintre et adepte de cette peinture murale.

Tournures *nach Hause, zu Hause,* et *von zu Hause,* (de) chez soi

Attention à ne pas confondre **das Haus**, plur. **die Häuser** qui signifie *la maison* (cf. anglais *the house*) et **Hause** qui signifie *chez soi* (cf. anglais *home*) et qui s'emploie avec les prépositions suivantes :

- **nach Hause** indique que l'on va chez soi et se construit avec des verbes indiquant la direction comme **gehen**, *aller*, **fahren**, *conduire / aller avec un véhicule*. **Ich gehe** nach Hause ➜ *Je vais à la maison* ;

- **zu Hause** indique que l'on est chez soi et se construit avec des verbes indiquant un locatif comme **sein**, *être*, **bleiben**, *rester*. **Ich bin** zu Hause ➜ *Je suis à la maison* ;

- **von zu Hause** signifie de *chez soi* et se construit avec des verbes indiquant le point de départ comme **weggehen**, *partir* : **Ich gehe** von zu Hause **weg** ➜ *Je pars de chez moi.*

Weggehen est un verbe à particule séparable : **Wir gehen** weg ➜ *Nous partons.*

1 Complète les phrases par *nach*, *zu* ou *von zu*.

a. Sabine bleibt heute .... Hause.

d. Seid ihr .... Hause?

b. Wir gehen .... Hause weg.

e. Er fährt .... Hause.

c. Wir gehen .... Hause.

Les différentes pièces et leur fonction

das Haus (¨er)	*la maison*	fern/sehen (er sieht fern)	*regarder la télé*
der Garten (¨)	*le jardin*		
das Zimmer (-)	*la chambre/ pièce*	Musik hören	*écouter de la musique*
das Schlafzimmer (-)	*la chambre à coucher*	an/rufen	*appeler/ téléphoner*
die Küche (n)	*la cuisine*	oder	*ou*
das Wohnzimmer (-)	*le salon*		
das Esszimmer (-)	*la salle à manger*		
das Badezimmer (-)	*la salle de bains*		
das Arbeitszimmer (-)	*le bureau*		
schlafen (er schläft)	*dormir*		
kochen	*cuisiner*		

La préposition *in*, dans

Elle fait partie des prépositions mixtes. On la nomme « mixte » car elle régit :

• l'accusatif lorsqu'elle exprime la direction. Exemple : **Ich gehe in die Küche** → *Je vais dans la cuisine* ;

• le datif lorsqu'elle exprime le locatif. Exemple : **Ich bin in der Küche** → *Je suis dans la cuisine.*

Dans certains cas, l'article est contracté avce **in** : **in + das** → **ins** ; **in + dem** → **im**.

2 Dans quelle pièce se trouve la personne ?

a. Sie ist ....

b. Sie ist ....

c. Sie sind ....

d. Er ist ....

3 Accusatif ou datif ? Complète par *in* + l'article ou la forme contractée.

a. Kommst du .... Garten?

b. Er arbeitet .... Wohnzimmer.

c. Er schläft .... Garten.

d. Er geht .... Küche.

e. Er hört .... Wohnzimmer Musik.

Le pronom indéfini *man*, on

Il correspond à *on* et le verbe qui le suit se conjugue, comme en français, à la 3ᵉ personne du singulier. Exemple : **Man duscht (sich)** ➔ *On se douche.*

4 **Réponds aux questions en employant les verbes** *baden oder duschen, Musik hören, schlafen, arbeiten, fernsehen, essen, kochen.*
Exemple : *Was macht man im Wohnzimmer? — Man hört Musik oder sieht fern.*

a. Was macht man im Schlafzimmer?

– ....

b. Was macht man im Arbeitszimmer?

– ....

c. Was macht man in der Küche?

– ....

d. Was macht man im Esszimmer?

– ....

e. Was macht man im Badezimmer?

– ....

Les meubles et les éléments d'une pièce

das Bett (en)	*le lit*	der Schlüssel (-)	*la clé*
der Tisch (e)	*la table*	die Tür (en)	*la porte*
der Stuhl (¨e)	*la chaise*	das Fenster (-)	*la fenêtre*
der Schrank (¨e)	*l'armoire*	die Wand (¨e)	*le mur*
die Kochplatte (n)	*la plaque électrique*		
der Backofen (¨)	*le four*		
der Kühlschrank (¨ e)	*le réfrigérateur*		
der Schreibtisch (e)	*le bureau (table)*		
das Sofa (s)	*le canapé*		
die Lampe (n)	*la lampe*		
das Bild (er)	*le tableau / l'image*		
das Telefon (e)	*le téléphone*		
der Fernseher (-)	*la télévision*		

Les prépositions *an*, *à*, *auf*, sur, neben, à côté de, *über*, au-dessus + les verbes de position

Elles font partie des prépositions mixtes et suivent la même règle que **in**, *dans*. On les emploie fréquemment avec les verbes de position.

accusatif	datif
stellen, *poser/(se) placer (à la verticale)*	**stehen**, *être posé/placé (à la verticale)*
legen, *(se) coucher/poser à plat*	**liegen**, *être couché/posé (à l'horizontale)*
(sich) setzen, *(s')asseoir*	**sitzen**, *être assis*
hängen, *accrocher/suspendre*	**hängen**, *être accroché/suspendu*

Ces verbes sont réguliers au présent de l'indicatif et expriment soit un directionnel (ils régissent alors un accusatif), soit un locatif (ils régissent alors un datif).

- Accusatif : **Ich stelle den Kühlschrank in die Küche** → *Je mets le réfrigérateur dans la cuisine* (directionnel : il y a un déplacement du réfrigérateur vers la cuisine).

- Datif : **Der Kühlschrank steht in der Küche** → *Le réfrigérateur est (mis/placé) dans la cuisine* (locatif : le réfrigérateur se trouve actuellement dans la cuisine).

Exception : **hängen** est homonyme dans les deux cas.

- Accusatif : **Ich hänge das Bild an die Wand** → *J'accroche le tableau au mur* (directionnel).

- Datif : **Das Bild hängt an der Wand** → *Le tableau est accroché au mur* (locatif).

5 Complète les articles ou leur forme contractée au datif.

a. Ich stelle die Lampe auf d............... Tisch.

b. Stellen wir den Schreibtisch neben d............... Sofa?

c. Hängst du das Bild an .... Wand?

d. Paula ist in d............... Küche.

e. Die Lampe steht auf mein......... Schreibtisch.

f. Er schläft in dein............ Zimmer.

6 Souligne le verbe adapté à la situation.

a. Thomas **setzt sich / sitzt / steht** auf dem Stuhl.

b. Thomas **hängt / stellt / legt** den Schlüssel auf den Tisch.

c. Die Lampe **liegt / sitzt / hängt** über dem Bett.

d. Sabine **hängt / setzt sich / liegt** auf dem Bett.

Les pronoms interrogatifs wo et wohin, où

Ils se traduisent tous les deux par *où*, mais attention :

- **wo** exprime une question pour connaître le lieu où se trouve quelque chose ou quelqu'un, dans un sens locatif (voir aussi module 1). Exemple : **Wo steht der Kühlschrank?** → *Où est placé le réfrigérateur ?*

- **wohin** exprime une question pour connaître le lieu où se rend quelqu'un / on place quelque chose, dans un sens directionnel. Exemple : **Wohin stellen wir den Kühlschrank?** → *Où mettons-nous le réfrigérateur ?*

7 Traduis les phrases suivantes.

a. Où mets-tu le lit ?

....

....

b. Où sont placées les chaises ?

....

....

c. Où est placé le bureau ?

....

....

d. Où mettons-nous le four ?

....

....

Les tâches domestiques

auf/räumen	*ranger*	den Tisch ab/decken	*débarrasser la table*
putzen	*nettoyer*	die Wäsche waschen	*laver le linge*
dein/euer Bett machen	*faire ton/votre lit*	sofort	*tout de suite*
den Tisch decken	*mettre la table*		

L'impératif à la 2ᵉ personne du singulier et du pluriel

Comme en français, l'impératif sert à exprimer un ordre, une prière. Sa conjugaison reste très proche du présent de l'indicatif. Il se forme comme suit :

- La 2ᵉ personne du singulier se conjugue comme au présent de l'indicatif sans le pronom personnel **du** et la terminaison **-st** (ou **-t** pour les verbes dont le radical se termine en **-(s)s / -(t)z / -ß**). Exemples :
  Deck bitte den Tisch! → *Mets la table, s'il te plaît !* (infinitif **decken** ; présent du **deckst**) ;
  Putz sofort das Badezimmer! → *Nettoie la salle de bains tout de suite !* (infinitif **putzen** ; présent **du putzt**).

  Mais les verbes irréguliers en **a** perdent le **Umlaut**, *l'inflexion*. Exemple : **Wasch die Wäsche!** → *Lave le linge !* (infinitif **waschen** ; indicatif **du wäschst**)

- La 2ᵉ personne du pluriel se conjugue comme au présent de l'indicatif sans le pronom personnel **ihr**. Exemples :
  Deckt bitte den Tisch! → *Mettez la table, s'il vous plaît !* (infinitif **decken** ; présent **ihr deckt**)
  Räumt sofort die Küche auf! → *Rangez la cuisine tout de suite !* (infinitif **aufräumen** ; présent **ihr räumt auf**)

Note : Tu remarqueras que la particule séparable est en fin de phrase (voir p. 62). Observe également la place des adverbes **bitte**, *s'il te/vous plaît* et **sofort**, *tout de suite*. Ils se placent directement derrière le verbe conjugué.

8 Traduis les phrases suivantes à la 2ᵉ personne du singulier ou du pluriel.

a. Nettoyez la cuisine tout de suite !

....
....!

b. Rangez vos chambres, s'il vous plaît !

....
....!

c. Débarrassez la table tout de suite !

....
....!

d. Faites votre lit, s'il vous plaît !

....
....!

e. Lave le linge, s'il te plaît !

....
....!

Le verbe *müssen*, devoir

ich	du	er/sie/es	wir	ihr	sie/Sie
muss	musst	muss	müssen	müsst	müssen

Le verbe **müssen**, *devoir* est un verbe de modalité qui traduit une obligation/ un ordre ainsi que la tournure française *Il faut que...* **Ich muss mein Zimmer aufräumen** ➔ *Il faut que je range / Je dois ranger ma chambre.*

9 Traduis les phrases suivantes.

a. Il faut que tu fasses ton lit.

....

b. Il faut que nous débarrassions la table.

....

c. Il faut qu'elle nettoie la salle de bains.

....

d. Il faut que vous rangiez la salle à manger. (tutoiement)

....

KREUZWORTRÄTSEL N° 7

HORIZONTALEMENT

B8 (je) dois ; B13 cuisiner ; D9 appartement ; F6 canapé ; F16 lit ; H2 laver ; J5 salle de bains ; M2 où ? (directionnel) ; M9 jardin ; O1 dans ; O4 à côté ; O12 chaise ; Q3 asseoir

VERTICALEMENT

2M mur ; 3H sur ; 4M accrocher / être accroché ; 6F dormir ; 7E où ? (locatif) ; 10M à ; 11B chambre à coucher ; 12M table ; 14A salon ; 16M tableau ; 17A regarder la télé ; 19E poser (droit/vertical)

	1	2	3	4	5	6	7	8	9	10	11	12	13	14	15	16	17	18	19
A																			
B																			
C																			
D																			
E																			
F																			
G																			
H																			
I																			
J																			
K																			
L																			
M																			
N																			
O																			
P																			
Q																			
R																			

Bilan

☺ 😐 ☹

Tournures *nach Hause, zu Hause,* et *von zu Hause,* (de) chez soi

1. .... ☐ ☐ ☐

La préposition *in,* dans et les noms des différentes pièces

2. .... ☐ ☐ ☐

3. .... ☐ ☐ ☐

Le pronom indéfini *man,* on

4. .... ☐ ☐ ☐

Les prépositions *an,* à, *auf,* sur, *neben,* à côté de, *über,* au-dessus + les verbes de position

5. .... ☐ ☐ ☐

6. .... ☐ ☐ ☐

Les pronoms interrogatifs *wo* et *wohin,* où

7. .... ☐ ☐ ☐

L'impératif à la 2ᵉ personne du singulier et du pluriel

8. .... ☐ ☐ ☐

Le verbe *müssen,* devoir

9. .... ☐ ☐ ☐

Kreuzworträtsel 7

.... ☐ ☐ ☐

Ferien sind cool!

Objectifs

- **Dire où on part / où on était en vacances**
  Pour cela, nous allons voir :
  - les prépositions **nach** et **in**, *en/à* + noms géographiques
  - l'emploi du verbe **liegen** dans le sens de *se trouver / se situer* + un test sur les pays du D-A-CH
  - les moyens et les verbes de locomotion
  - le prétérit (= imparfait) du verbe **sein**, *être*
  - les différents lieux de vacances

- **Parler du temps qu'il fait / a fait en vacances**
  Pour cela, nous allons voir :
  - les mots autour de la météo
  - le prétérit (= imparfait) du verbe **haben**, *avoir* + la tournure **schönes/schlechtes Wetter haben**, *avoir beau/mauvais temps*

- **Parler des activités en vacances**
  Pour cela, nous allons voir :
  - les différentes activités en vacances
  - la proposition subordonnée conjonctive avec **dass**, *que*

- **Décrire un séjour à Berlin**
  Pour cela, nous allons voir :
  - les activités touristiques en ville
  - le pronom interrogatif **warum**, *pourquoi* et la conjonction de subordination **weil**

- **POINTS CULTURE**
  Les pays du D-A-CH
  Berlin, son histoire et ses incontournables

Les prépositions *nach* et *in*, en/à + noms géographiques

Pour la destination, on emploie :

- **nach** devant un nom de ville, région ou pays sans article. Exemple : **Ich fahre nach Wien / nach Österreich** ➜ *Je vais à Vienne / en Autriche* (sous-entendu : *Je roule pour m'y rendre*) ;

- **in** devant un nom de région ou de pays avec article. Exemple : **Ich fahre in die Alpen / in die Schweiz** ➜ *Je vais dans les Alpes / en Suisse* (sous-entendu : *Je roule pour m'y rendre*). Souviens-toi que les noms de pays ne prennent généralement pas d'article en allemand (voir p. 17). Pour les noms de régions, c'est variable.

Noms géographiques avec article

die Schweiz (fém. sing)	*la Suisse*
die Türkei (fém. sing)	*la Turquie*
die Vereinigten Staaten / die USA (plur.)	*les États-Unis*
der Schwarzwald	*la Forêt-Noire*
die Alpen	*les Alpes*

I *Nach* **ou** *in* **? À toi de jouer !**

a. Die Kinder fahren .... den Schwarzwald.

b. Ich fahre .... Frankreich.

c. Meine Klasse fährt .... die Türkei.

d. Fährt er .... Paris?

e. Ich möchte .... München fahren.

Les pays du D-A-CH

Die D-A-CH Länder, *les pays du D-A-CH,* est une appellation pour les trois pays principaux où l'allemand est la langue officielle. **D** est l'abréviation pour **Deutschland**, *Allemagne* ; **A** est l'abréviation du nom latin **Austria**, *Autriche,* appelée **Österreich** en allemand ; **CH** est l'abréviation du nom latin **Confoederatio Helvetica**, *Suisse* ou *Confédération helvétique,* appelée **die Schweiz** en allemand.

Le verbe *liegen*, se trouver / se situer

Employé avec un nom géographique, **liegen** se traduit par *se trouver / se situer* :
Hamburg liegt in Deutschland ➜ *Hambourg se trouve en Allemagne.*
Istambul liegt in der Türkei ➜ *Istanbul se trouve en Turquie.*

2 **Connais-tu les capitales et les villes importantes des pays du D-A-CH ?**
Teste tes connaissances géographiques en répondant par *In Deutschland*,
***In Österreich* ou *In der Schweiz*.**

a. Wo liegt Berlin? ....

b. Wo liegt Zürich? ....

c. Wo liegt Wien? ....

d. Wo liegt Köln? ....

e. Wo liegt Salzburg? ....

f. Wo liegt Bern? ....

Les moyens et les verbes de locomotion

Commençons par les noms des moyens de locomotion :
das Flugzeug (e), *l'avion*   **der Bus (se)**, *le bus*
der Zug (¨e), *le train*   **das Auto (s)**, *la voiture*

Selon le moyen de locomotion, on n'emploie pas le même verbe.

• **Fahren** signifie *aller avec un véhicule qui roule*. Le moyen de transport est précédé de la préposition **mit** + datif, *avec*. Exemple : **Ich fahre mit dem Zug** ➜ *Je vais / je voyage en train* (littéralement « *avec le train* »). Note que **fahren** fait partie des verbes prenant un **Umlaut**, *inflexion* aux 2ᵉ et 3ᵉ personnes du singulier du présent de l'indicatif.

• **Fliegen** signifie *aller en avion*. Exemple : **Ich fliege nach Wien** ➜ *Je vais / voyage (en avion) à Vienne* (littéralement « *Je vole vers Vienne* »).

Ou comme en français, on peut employer le verbe **nehmen**, *prendre* + le moyen de transport. Exemple : **Wir nehmen den Bus** ➜ *Nous prenons le bus.*

3 Complète les phrases par les verbes *fahren* ou *fliegen*.

a. Die Kinder .... morgen in die USA.

b. Meine Schwester .... heute nach Berlin.

c. Anna .... mit dem Zug.

d. Wir .... nach Italien.

4 Complète par le moyen de locomotion adéquat.

a. Wir nehmen ....

b. Wir nehmen ....

c. Wir nehmen ....

d. Wir nehmen ....

Le verbe *sein*, être au prétérit

ich	du	er/sie/es	wir	ihr	sie/Sie
war	warst	war	waren	wart	waren

Die Ferien signifie *les vacances* et **der Urlaub**, *le congé*. Pour demander à quelqu'un où il était en vacances, on emploie le verbe **sein** au prétérit (imparfait) + la construction **in den Ferien / in Urlaub**. Exemple : **Wo warst du in den Ferien / in Urlaub?** ➜ *Où étais-tu en vacances ?* La réponse commencera par **Ich war...** ➜ *J'étais...* Pour indiquer le lieu de vacances, apprends les termes de la boîte à mots qui suit.

Les lieux de vacances

das Meer	la mer
am Meer sein	être au bord de la mer
der Berg (e)	la montagne
in den Bergen sein	être à la montagne
das Land	la campagne
auf dem Land sein	être à la campagne

5 Traduis les phrases suivantes.

a. Où étiez-vous en vacances ? (tutoiement)

....

b. J'étais à la campagne.

....

c. Nous étions à la montagne.

....

d. Les enfants étaient à la mer.

....

La météo

das Wetter	la météo / le temps
Wie ist/war das Wetter?	Quel temps fait/faisait-il ?
warm	chaud
heiß	très chaud
kalt	froid
bewölkt	nuageux
sonnig	ensoleillé
Es ist/war warm, kalt…	Il fait/faisait chaud, froid…
Es ist/war sonnig	Il fait/faisait soleil.
Es regnet / hat geregnet	Il pleut / a plu.
Es schneit / hat geschneit	Il neige / a neigé.

6 Indique le temps qu'il fait.

a. *40 °C* .... und ....

b. *0 °C* .... und ....

c. *25 °C* .... und ....

Le verbe *haben*, avoir au prétérit et la tournure avoir beau/mauvais temps

ich	du	er/sie/es	wir	ihr	sie/Sie
hatte	hattest	hatte	hatten	hattet	hatten

Pour demander quel temps on a ou a eu, on peut aussi employer la tournure avec le verbe **haben** *avoir* : **Hast/Hattest du schönes Wetter?** ➜ *As/Avais-tu beau temps ?* Et on répondra en employant également **haben** : **Ja, ich habe/hatte schönes Wetter** ➜ *Oui, j'ai/avais beau temps.*

Selon la météo, tu répondras par :
sehr schönes Wetter haben, *avoir très beau temps*
super Wetter haben, *avoir un super temps*
kein schönes Wetter haben, *ne pas avoir beau temps*
schlechtes Wetter haben, *avoir mauvais temps*

7 Complète les phrases suivantes avec le verbe *haben* au prétérit.

a. .... ihr schönes Wetter?

b. Ja, wir .... super Wetter.

c. Er .... kein schönes Wetter.

d. Ich .... schlechtes Wetter.

e. Und Sie? .... Sie schönes Wetter?

Les activités en vacances

ein Picknick machen	*faire un pique-nique*
eine Wanderung machen	*faire une randonnée*
eine Fahrradtour machen	*faire un tour à vélo*
an den Strand gehen	*aller à la plage*
aus/schlafen	*faire la grasse matinée*

La proposition subordonnée conjonctive avec *dass*, *que*

Comme en français, la proposition subordonnée conjonctive est introduite par une conjonction de subordination, par exemple **dass**, *que*. Dans la phrase allemande, la conjonction de subordination est toujours précédée d'une virgule et le verbe conjugué de la proposition subordonnée conjonctive est toujours en dernière position. Observe bien ces exemples !

- proposition indépendante : **Anna macht heute ein Pichknick**
  ➜ *Anna fait un pique-nique aujourd'hui.*
- proposition subordonnée conjonctive : **Er sagt, dass Anna heute ein Picknick macht**
  ➜ *Il dit qu'Anna fait un pique-nique aujourd'hui.*

Dans le cas d'un verbe à particule séparable, le verbe conjugué vient se raccrocher à la particule.

- proposition indépendante : **Anna schläft heute aus**
  ➜ *Anna fait aujourd'hui la grasse matinée.*
- proposition subordonnée conjonctive : **Er sagt, dass Anna heute ausschläft**
  ➜ *Il dit qu'Anna fait aujourd'hui la grasse matinée.*

8 Forme des propositions subordonnées conjonctives.

a. Die Kinder möchten am Samstag eine Wanderung machen.

➜ Er sagt, dass ....

b. Sabine möchte morgen eine Fahrradtour machen.

➜ Er sagt, dass ....

c. Ihr geht nicht an den Strand.

➜ Er sagt, dass ....

d. Er macht mit seinen Freunden ein Picknick.

➜ Er sagt, dass ....

Hauptsadt Berlin, Berlin capitale

- Quelques dates historiques :

13/08/1961 : construction du *mur de Berlin*, **Berliner Mauer**. La ville est séparée en deux : **Westberlin**, *Berlin Ouest* où les gens sont libres et **Ostberlin**, *Berlin Est* où les gens vivent sous le régime autoritaire du communisme.

9/11/1989 : *chute du mur*, **Mauerfall**

3/10/1990 : jour de la réunification des deux Allemagnes. Berlin redevient la capitale des deux Allemagnes.

- Quelques incontournables de **Berlin** :

Das Brandenburgertor, *la porte de Brandebourg* fut pendant presque trois décennies le symbole de la division des deux Allemagnes. Elle faisait partie intégrante du mur.

Das Reichstagsgebäude (abrégé **der Reichstag**) est le siège du Parlement allemand. Il est coiffé d'une immense coupole de verre de 1 200 m² et d'une plateforme panoramique.

Der Fernsehturm, *la tour de Télévision*, avec son restaurant panoramique, offre une vue imprenable sur la capitale.

Das Mauermuseum, *le musée du Mur* abrite une exposition permanente sur la division de Berlin.

Tourisme en ville

besichtigen / hat besichtigt	visiter / a visité
die Stadt ("e)	la ville
die Hauptstadt ("e)	la capitale
das Museum (Museen)	le musée
ins Museum gehen	aller au musée
der Flohmarkt ("e)	le marché aux puces
der Fernsehturm ("e)	la tour de Télévision
auf den Fernsehturm / Flohmarkt gehen	monter à la tour de Télévision / aller au marché aux puces
ist gegangen	est allé
ist geöffnet	est ouvert
ist geschlossen	est fermé
viel Spaß haben	s'amuser beaucoup (littéralement « avoir beaucoup d'amusement »)
voll cool	super cool / très cool

Le pronom interrogatif *warum*, pourquoi et la conjonction de subordination *weil*, parce que

La proposition subordonnée conjonctive introduite par **weil** répond à la question **Warum?** *Pourquoi ?* et exprime la cause.

Warum geht ihr nicht auf den Fernsehturm? → *Pourquoi n'allez-vous pas sur la tour de Télévision ?*

Wir gehen nicht auf den Fernsehturm, weil wir müde sind → *Nous n'allons pas sur la tour de Télévision car nous sommes fatigués.*

9 Traduis les questions suivantes.

a. Pourquoi ne vas-tu pas au musée ?

....

b. Pourquoi ne vont-elles pas au marché aux puces ?

....

c. Pourquoi êtes-vous à Berlin ?

....

10 Remets les éléments des propositions subordonnées conjonctives dans le bon ordre.

a. heute / ist / weil / es / geschlossen

Ich gehe nicht ins Museum, ...

....

b. muss / Sabine / weil / lernen

Sie gehen nicht auf den Flohmarkt, ...

....

c. die Stadt / ist / voll cool / weil

Wir sind in Berlin, ...

....

11 Complète le texte suivant avec : *Fernsehturm, besichtigt, gegangen, voll cool, Mauermuseum, Ferien, viel.*

Hi Eva!

Ich bin mit Anna in Berlin und wir haben .... Spaß.

Gestern haben wir den Reichstag .... und sind

auch auf den Flohmarkt .... Heute gehen wir ins

.... und auf den ....

Die Stadt ist .... Wie geht's dir? Was machst du

in den ....?

KREUZWORTRÄTSEL N° 8

HORIZONTALEMENT

A3 musée ; A11 chaud ; D6 plage ; E15 (j') avais ; F1 rouler/conduire ; G11 congé ; I17 bus ; K7 très chaud ; K12 temps (météo) ; M2 avion ; N14 ville ; O6 (il) pleut

VERTICALEMENT

1F congé ; 3D Forêt-Noire ; 5K train ; 6D ensoleillé ; 8A mer ; 9I voler (avion) ; 11A randonnée ; 12A abréviation pour Autriche ; 13E froid ; 15E capitale ; 17C auto ; 17I montagne ; 19B (ils) étaient

	1	2	3	4	5	6	7	8	9	10	11	12	13	14	15	16	17	18	19
A																			
B																			
C																			
D																			
E																			
F																			
G																			
H																			
I																			
J																			
K																			
L																			
M																			
N																			
O																			

Bilan

☺ 😐 ☹

Les prépositions *nach* et *in*, en/à + noms géographiques

1. .... ☐ ☐ ☐

Le verbe *liegen*, se trouver / se situer

2. .... ☐ ☐ ☐

Les moyens et les verbes de locomotion

3. .... ☐ ☐ ☐
4. .... ☐ ☐ ☐

Le verbe *sein*, être au prétérit

5. .... ☐ ☐ ☐

La météo

6. .... ☐ ☐ ☐

Le verbe *haben*, avoir au prétérit et la tournure avoir beau/mauvais temps

7. .... ☐ ☐ ☐

La proposition subordonnée conjonctive avec *dass*, que

8. .... ☐ ☐ ☐

Le pronom interrogatif *warum*, pourquoi et la conjonction de subordination *weil*, parce que

9. .... ☐ ☐ ☐
10. .... ☐ ☐ ☐

Texto de Berlin

11. .... ☐ ☐ ☐

Kreuzworträtsel 8

.... ☐ ☐ ☐

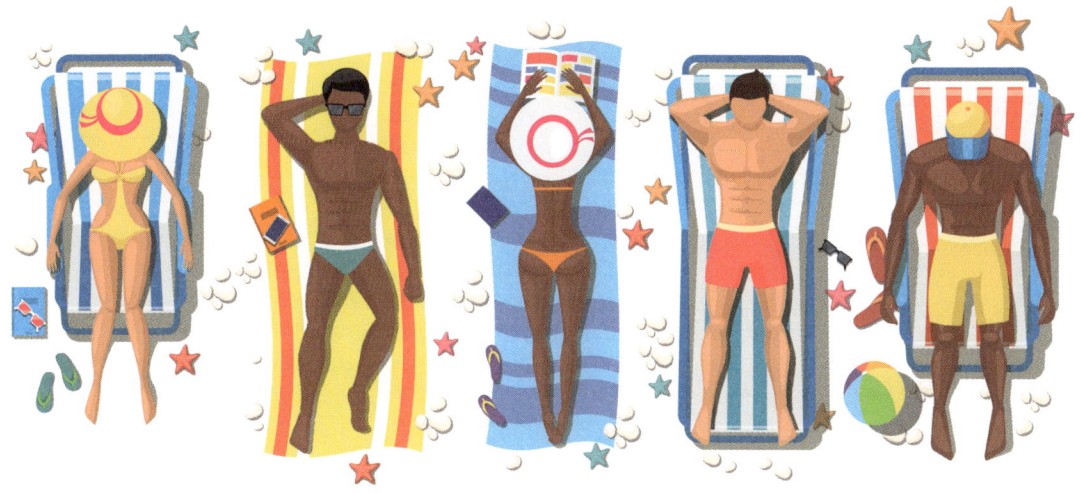

Module 0

1 a. 7 b. 4 c. 10 d. 11 e. 1 f. 14 g. 5 h. 9 i. 2 j. 12 k. 3 l. 8 m. 6 n. 13

2 a. [s] [tsé] [ha] [ou] [l] [tsèt] b. [faou] [é] [r] [a] c. [s] [tsé] [ha] [eu] [n] d. [k] [a] [t] [yotte] [a] e. [gué] [r] [o] [eszett]

3 a. Mein Name ist Sophie. b. Ich wohne in Lyon. c. Ich lerne Deutsch. d. Meine Freundin heißt Stefanie. e. Sie kommt aus Berlin.

4 a. [gué:t] b. [bitĕ] c. [lé:zēn] d. [èssēn]

5 a. [Ana Cheu:n] b. [Rolf Mula] c. [Sousanë Krè:ma] d. [Kla:ra Chu:la]

6 a. Raus! Aua! b. Feuer! c. Herein! Hilfe Polizei! Nein! d. Nie!

7 a. Joachim, Jochen, Koch, Schuhmacher b. Michael, Richard c. Sascha, Stefanie, Schmidt, Spielmann

8 a. [vo:] b. [fi:l] c. [vi: fi:l]

9 a. [Halo] b. [Haïssën] c. [ya] d. [a:ba] e. [mouta] f. [ya:rë]

Module 1

1 a. Hallo! Hi! Grüß dich! b. Servus! c. Auf Wiedersehen! d. Guten Morgen! e. Gute Nacht!

2 a. geht's / danke / dir b. Wie geht es / Ihnen

3 a. Geht so! So lala! b. Super! Sehr gut! c. Schlecht. Nicht gut!

4 a. er b. sie c. sie d. ihr e. wir f. sie

5 a. ich bin Julia b. wir sind Lukas und Elena

6 a. Wer ist das? b. Wer seid ihr? c. Wer bist du? d. Wer ist das?

7 a. ich wohne b. du wohnst c. er/sie/es wohnt d. wir wohnen e. ihr wohnt f. sie/Sie wohnen

8 a. 4 E b. 1 D c. 7 F d. 2 A e. 6 H f. 5 G g. 8 C h. 3 B

9 a. Wie b. Wo c. Woher

10 a. heiße / heißt b. wohnt / wohnen c. heißen / heiße d. kommt / kommt

11 a. Wo wohnst du? b. Er kommt aus Berlin. c. Wie heißt sie? d. Sie wohnen in Deutschland.

12 a. français b. allemand c. espagnol d. anglais e. italien f. chinois g. japonais h. russe

13 a. Spricht er Italienisch? b. Ja, er spricht Spanisch. c. Wir sprechen ein bisschen Russisch. d. Nein, sie spricht kein Chinesisch.

14 a. 9 b. 12 c. 15 d. 19

15 a. Wie alt ist er? b. Wie alt sind sie? c. Wie alt seid ihr?

16 a. deine Handynummer b. deine Adresse c. dein Name d. deine E-Mail-Adresse

17 a. Mozartstraße 4. b. Tobias Schneider at mymail Punkt de

KREUZWORTRÄTSEL N° 1

	1	2	3	4	5	6	7	8	9	10	11	12	13	14	15	16	17
A		K			T												
B		W	O	H	N	E	N										
C		M			L										S		
D		M		S	E	I	D						N	E	U	N	
E	D	R	E	I		F		N		H					I		
F	E		N		V	O	R	N	A	M	E	F	Ü	N	F		
G	U				N			M		I		R					
H	T				G		N	E	ß	A							
I	S				G	U	T		E	I	N	S					
J	C				M			N		K		B					
K	H		J		M						R		I				
L			A	D	R	E	S	S	E	N	E	I	N		S		
M			H			R		P				I			I		
N			R								C		H	N	N		
O	W	I	E			D	E	U	T	S	C	H	L	A	N	D	
P	P	O			W			C	S				L				
Q	H		I		E			H	C				E	L	F		
R	E		S	T	R	A	ß	E	H				O				
S	R		T		L				Ü								
T			T		S												
U					S												

Module 2

1 a. ein Buch b. ein Heft c. ein Stift d. ein Zeugnis e. eine Schule f. eine Klassenarbeit

2 a. der b. der c. die d. das e. der f. die

3 a. Das sind Hefte. b. Das ist ein Buch. c. Das ist ein Stift.

4 a. der Sportlehrer b. die Klassenlehrerin c. der Deutschunterricht d. die Schulkinder

5 a. Ich habe Schule. b. Der Schüler hat Pause. c. Du hast eine Freistunde. d. Das Kind hat Unterricht.

6 a. Der Schüler rechnet. b. Die Schülerin liest. c. Die Schülerin zeichnet. d. Der Schüler arbeitet mit dem Computer.

7 a. lernen b. machen c. schreibt d. notieren

8 a. allemand b. anglais c. français d. sport e. mathématiques f. biologie g. musique h. physique i. religion j. chimie

9 a. zwanzig vor sieben. b. sieben Uhr. c. Viertel nach elf. d. halb sechs.

10 a. acht Uhr b. Viertel vor zwei c. Viertel vor zehn

11 a. Wie viel Uhr / Wie spät b. Wann c. Um wie viel Uhr

12 a. in der dritten und vierten Stunde b. in der sechsten Stunde c. in der dritten Stunde d. in der ersten und zweiten Stunde e. in der fünften Stunde

13. 1. a. Die Schüler schreiben am Dienstag ein Diktat. b. Am Dienstag schreiben die Schüler ein Diktat. 2. a. Ich habe in der 5. Stunde Musik. b. In der 5. Stunde habe ich Musik.

14. a. drei b. vier plus c. fünf plus d. eins minus

15. Deutsch / 1+ (eins plus) / freue / Note / 5 (fünf) / Mist

KREUZWORTRÄTSEL N° 2

	1	2	3	4	5	6	7	8	9	10	11	12	13	14	15	16	17	18
A			S	C	H	R	E	I	B	E	N		M					
B					E									A				B
C			S	T	I	F	T						S	T	U	N	D	E
D			C		T									H				G
E			H		Z	E	I	C	H	N	E	N		E	A			I
F	P	A	U	S	E									R				N
G	H		L		U	H	A	U	S	A	U	F	G	A	B	E	N	
H	Y		E		G	A	C							E				E
I	S		N			B	U	C	H					I				N
J	I		I			E			Ü				N	O	T	E		
K	K		L	E	S	E	N				L			E				M
L			I								E			S				I
M	R	E	C	H	N	E	N				R		D	I	K	T	A	T
N			S								I							T
O			T	O	L	L		M	I	S	T		E					W
P					E						P		N					O
Q			W		R						O		S					C
R			A		N			F	R	E	I	T	A	G				H
S	S	O	N	N	T	A	G						T			A		
T			N										G					

Module 3

1. a. unser b. euer c. deine d. meine e. euer f. deine g. meine h. meine i. deine j. mein k. unser l. eure m. mein

2. a. deine Tochter b. euer Bruder c. unser Vater d. eure Schwester e. mein Cousin f. deine Cousine

3. a. eine / einen b. ihre c. eure d. ein e. ihren

4. a. Dein Bruder kennt meinen Vater. b. Euer Vater kennt unsere Großmutter. c. Meine Tante kennt deinen Onkel. d. Mein Großvater kennt eure Eltern.

5. a. Wen b. Wen c. Wer d. Wer e. Wer f. Wen

6. a. ihre b. seine c. ihre d. ihren e. ihre f. seine

7. a. der Großvater von Sabine / Sabines Großvater b. die Eltern von Lena / Lenas Eltern c. der Bruder von Lars / Lars' Bruder d. der Vater von Michael / Michaels Vater

8. a. einen Vogel b. zwei Goldfische und einen Hamster c. habe einen Hund und zwei Hamster

9. a. meinen Hund b. unsere Katze c. deine Schildkröte d. meinen Goldfisch e. unseren Vogel

10. a. 74 b. 703 c. 3 922

11. a. 1989 b. 1890 c. 1954 d. 2006

12. a. am 13. (dreizehnten) Juni 1999 (neunzehnhundertneunundneunzig) b. am 25. (fünfundzwanzigsten) Januar 2004 (zweitausendvier) c. am 3. (dritten) August 2018 (zweitausendachtzehn)

13. a. Meine Cousine ist am 12. März 2019 geboren. b. Meine Tante hat am 23. Juni einen Sohn bekommen. c. Mein Bruder hat am 13. April geheiratet. d. Mein Großvater ist am 15. Februar 2018 gestorben.

KREUZWORTRÄTSEL N° 3

	1	2	3	4	5	6	7	8	9	10	11	12	13	14	15	16	17	18	19
A										V									
B								K	I	N	D								
C									E										
D								D	R	E	I	ß	I	G					
E						T		T		Z					V				
F						A	R		I		T				A		B		
G		O				J	U	L	I	G	R	O	ß	M	U	T	T	E	R
H		N				S		F			C		A		E		U		
I		K				E		F		S	H		U		R				
J		E	I	N	E	N		S	U	C	H	T	S			D	E	R	
K		L				D		T		H	E					E	R		
L			S						W	E	R			S	O	H	N		W
M		S	E	I	N		K	E						U					E
N			P				H	A	M	S	T	E	R		K	E	N	N	E
O			T					T			T			I		D			
P			E						Z	E	L	T	E	R	N		H	U	
Q			M	E	I	N	E				R			D				U	
R			B									T	R	E	F	F	E	N	D
S		M	E											R					E
T		A	P	R	I	L													E
U		I									D	E	Z	E	M	B	E	R	T
V																			T

Module 4

1. a. Mein Großvater ist alt. b. Deine Schwester ist klein. c. Unser Vater ist groß und sportlich. d. Sie ist groß und schlank.

2. a. Nein, er ist groß. b. Doch, er ist sportlich. c. Ja, sie ist jung und hübsch. d. Doch, sie ist schlank.

3. a. sondern b. aber c. sondern d. aber e. aber

4. a. Er sieht alt aus. b. Sie sieht schlank aus. c. Sie sehen sportlich aus.

5. a. a. einen Rock und eine Jacke b. ein Hemd, einen Pulli und eine Hose

6. a. Sie zieht einen Rock an. b. Ich probiere die Schuhe an. c. Wir ziehen einen Pulli an.

7. a. Hose / – Rot b. Kleid / – Blau c. Hut / – Schwarz d. Bikini / – Grün

8. a. Nein, ich ziehe den blauen Pulli nicht an. b. Nein, er probiert die blauen Schuhe nicht an. c. Nein, ich ziehe den Mantel nicht an.

9. a. langes und dunkles Haar b. Brille c. grüne Augen d. Kette / Piercing

10. a. hat keine Kette b. trägt keine Ohrringe c. trägt kein Piercing d. trägt keine Brille

⓫ **a.** lustig **b.** ruhig **c.** lieb/nett **d.** fleißig **e.** intelligent **f.** glücklich

⓬ **a.** lustig/glücklich **b.** fleißig **c.** traurig

⓭ **a.** Liebst du mich? **b.** Ja, ich liebe dich. **c.** Ich liebe euch. **d.** Wir lieben ihn.

⓮ **a.** Sie ist in ihn verliebt. **b.** Er ist in sie verliebt. **c.** Er ist in sie verliebt. **d.** Bist du in sie verliebt?

⓯ **a.** Sie kann gut Geige spielen. **b.** Anna kann Fußball spielen. **c.** Die Kinder können sehr gut malen und singen.

⓰ **a.** mögt **b.** mag **c.** mögen **d.** magst

KREUZWORTRÄTSEL N° 4

	1	2	3	4	5	6	7	8	9	10	11	12	13	14	15	16	17	18	19
A							B	Ö	S	E									
B										P									
C			B		K					O									
D		S	P	I	E	L	E	N		G	R	O	ß						
E			K		A			S		T					S				
F			I		V		S	C	H	L	A	N	K		C		I		
G			N		I			H		I		L	A	C	H	E	N		
H			E			Ö	C		E			E		R		T			
I				B	R	A	U	N	H			I			E		E		
J				R			N			J	U	N	G		I		L		
K	L	U	S	T	I	G		S			A				E		L		
L				L							C				N		I		
M				L		L				K	E	T	T	E			G		
N			P	I	E	R	C	I	N	G		E	R		H	E			
O			U			E				E			A		O	N			
P		K	L	E	I	D		B				G			S	T			
Q			L							W	E	I	N	E	N				
R			I	H	N								N						

Module 5

❶ **a.** Tee / Brot mit Butter **b.** Fisch und Reis **c.** Hähnchen, Gemüse / Wasser

❷ **a.** keinen Honig **b.** keinen Tee **c.** kein Eis **d.** kein Hähnchen, kein Gemüse

❸ **a.** ich habe Hunger **b.** wir haben keinen Durst **c.** ich habe Durst **d.** er hat Durst

❹ **a.** lieber **b.** am liebsten **c.** gern **d.** lieber

❺ **a.** Bananen **b.** Eis als Kuchen **c.** Hähnchen, Gemüse

❻ **a.** Schmeckt es euch? **b.** Ja, es schmeckt uns. **c.** Nein, es schmeckt uns nicht. **d.** Das Hähnchen schmeckt gut. **e.** Die Orangen schmecken nicht gut.

❼ **a.** möchtest **b.** möchtet **c.** Möchten **d.** möchte **e.** möchte **f.** Möchten

❽ **a.** nehme **b.** nimmst **c.** nehmen

❾ **a.** Hamburger **b.** ohne **c.** bitte **d.** Bratwurst, Ketchup **e.** lecker **f.** zusammen

❿ **a.** 2 Gläser **b.** 4 Teller **c.** 3 Gabeln **d.** 1 Messer

⓫ **a.** Entschuldigung, die Tasse ist kaputt.

b. Das Glas ist nicht sauber. **c.** Entschuldigung, ich habe kein Messer. **d.** Die Teller sind nicht sauber.

⓬ **a.** Ich bin in der Bäckerei. Ich kaufe Brot. **b.** Wir sind auf dem Markt. Wir kaufen Gemüse und Obst. **c.** Michael ist in der Fleischerei. Er kauft Fleisch. **d.** Die Kinder sind im Supermarkt. Sie kaufen ein Eis.

⓭ **a.** ich habe noch Milch **b.** wir haben kein Brot mehr **c.** wir haben kein Wasser mehr **d.** Hast du noch Kaffee? **e.** Hast du noch Käse? **f.** Haben wir noch Obst?

⓮ 1 (ein) Kilo Äpfel / 2 (zwei) Liter Milch / 4 (vier) Orangen / 1 (ein) Kilo Kartoffeln / 1 (ein) Hähnchen / 6 (sechs) Eier / Butter / Zucker / Kakao / Marmelade / Honig

KREUZWORTRÄTSEL N° 5

	1	2	3	4	5	6	7	8	9	10	11	12	13	14	15	16	17	18
A												S	A	F	T			
B						K							E					
C					H	A	U	P	T	S	P	E	I	S	E			
D			G			R												
E		K	A	P	U	T	T			O				G				
F			B			O				B		O		E				
G		E	I	E	R		F	L	E	I	S	C	H	M				
H			L			F				T		N	Ü					
I						E				R	E	I	S					
J			K	L		L						E						
K		H	Ä	H	N	C	H	E	N		H							
L			S			I				U								
M	T	K	A	U	F	E		E	S	S	E	N	B					
N	R	U			D	S				G	U							
O	I	C		W	U	R	S	T		E	T							
P	N	E	H	M	E		R	T		B	R	O	T					
Q	K	E			S						E	R						
R	T	N	I	M	M	T	T	E	L	L	E	R						

Module 6

❶ **a.** verletzt / Krankenhaus **b.** Krankenschwestern **c.** liege / müde **d.** Fieber **e.** Arzt **f.** gesund

❷ **a.** der **b.** dem **c.** einer **d.** seiner **e.** ihrem **f.** dem

❸ **a.** der **b.** zum **c.** meiner / beim **d.** einer **e.** zur

❹ **a.** zum **b.** bei **c.** zu **d.** beim

❺ **a.** Wer **b.** Wem **c.** Wer **d.** Wen **e.** Wem

❻ **a.** Ich habe Halsschmerzen. **b.** Sie hat Bauchschmerzen. **c.** Sie haben Rückenschmerzen. **d.** Hast du Knieschmerzen?

❼ **a.** Was tut ihm weh? **b.** Was tut Ihnen weh? **c.** Mir tut der Hals weh. **d.** Ihr tut der Bauch weh. **e.** Ihnen tut der Rücken weh. **f.** Uns tun die Beine weh.

❽ **a.** Ihr ist schlecht. **b.** Uns ist kalt. **c.** Ihm ist schwindelig. **d.** Ihnen ist übel. **e.** Ihnen ist heiß.

❾ **a.** uns **b.** (sich) **c.** dich **d.** sich

❿ **a.** die Hände **b.** die Zähne **c.** die Haare

⓫ **a.** sollen **b.** soll **c.** soll **d.** sollt **e.** sollst

KREUZWORTRÄTSEL N° 6

	1	2	3	4	5	6	7	8	9	10	11	12	13	14	15	16	17	18
A						K				K	O	P	F			W		M
B			D	E	R					R				G	E	B	E	
C			I		A				A	R	M		D	E	M			D
D			R		N			W		N					S			I
E					K	R	A	N	K	E	N	H	A	U	S			K
F					E					R				E	N			E
G	O	H	R	E	N		M			M		L	D					M
H					S				H	I	L	F	T		I			E
I		B	A	U	C	H		K		R		E			H	N		
J					H			N				N		A	R	Z	T	
K					W				I									E
L				V	E	R	L	E	T	Z	T							
M					S							Ä						
N		W			T			E	U	C	H							
O		E			E							N						
P	S	C	H	M	E	R	Z	E	N				E					

Module 7

❶ a. zu b. von zu c. nach d. zu e. nach

❷ a. im Badezimmer b. in der Küche c. im Wohnzimmer d. im Garten

❸ a. in den b. im c. in d. in die e. im

❹ a. Man schläft. b. Man arbeitet. c. Man kocht. d. Man isst. e. Man badet oder duscht.

❺ a. den b. das c. die d. der e. meinem f. deinem

❻ a. sitzt b. legt c. hängt d. liegt

❼ a. Wohin stellst du das Bett? b. Wo stehen die Stühle? c. Wo steht der Schreibtisch? d. Wohin stellen wir den Backofen?

❽ a. Putzt sofort die Küche! b. Räumt bitte eure Zimmer auf! c. Deckt sofort den Tisch ab! d. Macht bitte euer Bett! e. Wasch bitte die Wäsche!

❾ a. Du musst dein Bett machen. b. Wir müssen den Tisch abdecken. c. Sie muss das Badezimmer putzen. d. Ihr müsst das Wohnzimmer aufräumen.

KREUZWORTRÄTSEL N° 7

	1	2	3	4	5	6	7	8	9	10	11	12	13	14	15	16	17	18	19
A														W			F		
B						M	U	S	S		K	O	C	H	E	N			
C											C					R			
D						W	O	H	N	U	N	G				N			
E					W						L			Z		S			S
F						S	O	F	A		A			I		B	E	T	T
G						C					F			M		H	E		E
H		W	A	S	C	H	E	N			Z			M		E	L		L
I			U			L					I			E		N			L
J			F		B	A	D	E	Z	I	M	M	E	R					N
K			F								M					E			
L			E								E								
M		W	O	H	I	N			G	A	R	T	E	N		B			
N		A		Ä							I					I			
O	I	N		N	E	B	E	N			S	T	U	H	L				
P		D		G							C			D					
Q			S	E	T	Z	E	N			H								
R			N																

Module 8

❶ a. in b. nach c. in d. nach e. nach

❷ a. In Deutschland. b. In der Schweiz. c. In Österreich. d. In Deutschland. e. In Österreich. f. In der Schweiz.

❸ a. fliegen b. fährt c. fährt d. fahren

❹ a. den Zug b. das Flugzeug c. das Auto d. den Bus

❺ a. Wo wart ihr in den Ferien? / in Urlaub? b. Ich war auf dem Land. c. Wir waren in den Bergen. d. Die Kinder waren am Meer.

❻ a. Es ist heiß und sonnig. b. Es ist kalt und es schneit. c. Es ist warm und es regnet.

❼ a. Hattet b. hatten c. hatte d. hatte e. Hatten

❽ a. Er sagt, dass, die Kinder am Samstag eine Wanderung machen möchten. b. Er sagt, dass Sabine morgen eine Fahrradtour machen möchte. c. Er sagt, dass ihr nicht an den Strand geht. d. Er sagt, dass er mit seinen Freunden ein Picknick macht.

❾ a. Warum gehst du nicht ins Museum? b. Warum gehen sie nicht auf den Flohmarkt? c. Warum seid ihr in Berlin ?

❿ a. weil es heute geschlossen ist b. weil Sabine lernen muss c. weil die Stadt voll cool ist

⓫ viel / besichtigt / gegangen / Mauermuseum / Fernsehturm / voll cool / Ferien

KREUZWORTRÄTSEL N° 8

	1	2	3	4	5	6	7	8	9	10	11	12	13	14	15	16	17	18	19
A			M	U	S	E	U	M				W	A	R	M				
B							E				A								W
C							E				N					A		A	R
D			S			S	T	R	A	N	D					U			R
E			C				O				E		K		H	A	T	T	E
F	F	A	H	R	E	N					R	A		A	A				N
G	E	W					N				U	R	L	A	U	B			
H	R	A					I				N		T		P				
I	I	R					G		F		G				T		B	U	S
J	E	Z									L				S	E			
K	N	W			Z	H	E	I	ß		W	E	T	T	E	R			
L	A	U					E								A	G			
M	F	L	U	G	Z	E	U	G					D						
N	D						E							S	T	A	D	T	
O					R	E	G	N	E	T									

TABLEAU D'AUTOÉVALUATION

Bravo, tu es venu à bout de ce cahier ! Il est temps à présent de faire le point sur tes compétences et de comptabiliser les icônes afin de procéder à l'évaluation finale. Reporte le sous-total de chaque module dans les cases ci-dessous puis additionne-les afin d'obtenir le nombre final d'icônes dans chaque couleur et découvre tes résultats !

Module 0			
Module 1			
Module 2			
Module 3			
Module 4			
Module 5			
Module 6			
Module 7			
Module 8			
Total, tous modules confondus			

Tu as obtenu une majorité de...

Super! *Super !*
Tu t'en es très bien sorti, continue comme ça !

Nicht schlecht! *Pas mal !*
Mais tu peux progresser en refaisant les exercices où tu as fait des erreurs.

Noch einmal! *Encore une fois !*
Reprends l'ensemble de l'ouvrage en relisant bien les leçons avant de refaire les exercices.

CRÉDITS ICONOGRAPHIQUES

Couverture : Anne-Sophie Peyer - **Intérieur :** Droits réservés : 1, 17, 22, 77, 89, 106, 118 ; Fotolia : honora : 21 ; Shutterstock : 9 Lives Illustration : 100 ; angkrit : 54 ; ankomando : 27 ; Anna Frajtova : 75(1a), 76(2b) ; arbit : 75(1c), 76(2d), 77, 81 ; artiomcik : 34 ; asantosg : 114 ; avian : 32, 33(6a,b,c) ; AVS-Images : 35 ; Beresnev : 104(2d) ; Blablo101 : 14 ; BSVIT : 24 ; cmgirl : 98 ; Crystal Eye Studio : 104(2a) ; Delices : 77(5a), 116(3b, 4c) ; Dooder : 5 ; Elvetica : 23 ; Evellean : 50 ; feelplus : 19 ; Fotinia : 64 ; Glinskaja Olga : 104b ; GraphicsRF : 76(2a) ; gst : 76h ; Hollygraphic : 117b ; honoka : 96g ; Huza : 61g ; hvostik : 74b ; Iconic Bestiary : 29 ; Iconic Bestiary : 51(9c) ; Iconic Bestiary : 115 ; inithings : 37 ; Jaaak : 51(9a) ; jesadaphorn : 59, 61d ; jkcDesign : 67h ; Julia Tim : 112 ; Julia-art : 88h ; justone : 87 ; kamomeen : 70 ; Kseniia Voropaeva : 9b ; Lorelyn Medina : 40 ; lukpedclub : 75(1b) ; Macrovector : 11, 30b, 39h, 42, 44, 47h, 47b, 67b, 68, 71, 92b, 93, 96b, 101, 103, (2d) ; Maquiladora : 51(9e) ; Margarita Levina : 118 ; mari.nl : 15 ; MarinaMay : 9 ; Marish : 119 ; MatoomMi : 104(2b) ; mhatzapa : 43 ; miniwide : 51(9b) ; Miuky : 110 ; MSSA : 38, 51(8a), 51, 56, 58, 96gh, 123 ; Nadya_Art : 51(9d) ; Natalia Aggiato : 4, 96md ; Naty_Lee : 18, 62, 120h ; Neti.OneLove : 116(3a, d, 4b, d) ; NotionPic : 10h, 72, 73, 75(1b), 77bg ; Oceans : 28, 30 ; Olga1818 : 6b, 7, 8, 12, 13, 14g, 16, 20, 26, 45, 46, 49, 51(8a), 60, 65, 66, 97, 104(2c), 113, 120b ; olillia : 102 ; Padma Sanjaya : 6h ; Parinya Hirunthitima : 52 ; Pretty Vectors : 36 ; Ramanouskaya : 75(1a) ; Red monkey : 105 ; red rose : 64 ; robuart : 33(6d) ; Rosa Puchalt : 75h ; Sabelskaya : 86 ; Sentavio : 116(3c, 4a) ; silanti : 77(5c) ; Smart Design : 33, 90, 91 ; Somchai Wiriyalangkorn : 742 ; Spreadthesign : 53 ; Stocklifemax : 84, 109 ; subarashii21 : 51, 69 ; Tomacco : 3 ; Vector pro : 79 ; Vetreno : 95 ; Visual Generation : 63, 82, 88b, 92h ; vivasis : 39m ; Volha Shaukavets : 76(2c), 77d, 80 ; What's My Name : 117h ; Zubada : 96mg ; zzveillust : 107.

Dépôt légal : mai 2019
N° d'édition : 3854
ISBN : 978-2-7005-0800-0
www.assimil.com
Imprimé en mai 2019 chez DZS, Slovénie

Mise en pages : Élodie Bourgeois pour Lunedit
Réalisation : Lunedit
© 2019 Assimil